다른 사람들과 함께 성공하라

다른 사람들과 함께 성공하라

지그 지글러

산수야

성공 가이드 센터(Success Guide Center)
〈성공가이드〉 잡지 발행, 성공 관련 단행본 출판 기획

지그 지글러
미국의 유명한 저술가이며 자기 개발, 성공학의 권위자
주요 저서
《세일즈 성공의 비밀》, 《정상 정복의 길》 외 다수

다른 사람들과 함께 성공하라

지은이 · 지그 지글러
옮긴이 · 성공 가이드 센터

1판 1쇄 인쇄 / 2001. 4. 5.
1판 1쇄 발행 / 2001. 4. 10.

펴낸곳 · 도서출판 산수야
펴낸이 · 권윤삼

출판 등록 · 제1-1515호

제작부장 · 김강철 | 영업부장 · 안성길 | 관리실장 · 정영미
디자인실장 · 유광 | 디자이너 · 신미린

주소 · (121-210)서울시 마포구 서교동 351-25 유창B/D 302호
전화 · 02-332-9655(대), 358-0674
팩스 · 02-335-0674(대), 358-0676

* 파본은 바꾸어 드립니다.
ISBN 89-8097-027-7 13300

값 · 4,500원

 **천의 글**

　사람은 누구나 성공을 꿈꾼다. 그러나 정작 성공했다고 하는 사람은 드물다. 경제적인 부와 사업적인 성공에도 불구하고 삶에 진정한 성공을 거둔 사람은 더욱 찾기 어렵다. 당신의 삶은 어떠한가. 힘들고 고통스러운가, 찬란한 성공을 거두었는가, 아니면 미래에 대한 확실한 비전을 가지고 있는가. 지금 당신이 어떤 상황이든 간에 다음 문장을 조용히 음미해 보라.

　"모든 인간은 성공을 성취하기 위해 살도록 만들어졌으며, 성공할 수 있는 능력도 주어졌으며, 승자가 될 위대한 자질을 갖고 태어났다."

"위대한 사람은 태어나는 것이 아니라 만들어지는 것이다."

"성공은 이미 결정된 운명이 아니라 하나의 여행이며, 당신이 가고자 하는 여행의 방향이다."

"정상에 오르는 유일한 방법은 목표를 갖고 출발하는 것이다."

"인생에서 어떤 것을 얻기 전에 먼저 무엇인가를 인생에 집어넣어야 한다."

"당신이 다른 사람이 소망하는 것을 얻도록 충분히 도와준다면 당신도 당신의 삶에서 소망하는 모든 것을 얻을 수 있다."

이 글들을 읽으며 어떤 생각이 당신 머리를 스치는가. 어디서 많이 들어본 내용들이지 않는가. 그렇다. 1975년 미국에서 출간된 이래 전 세계적으로 수천만 부가 발행되어 많은 사람들을 인생의 정상에 서게 만들었고 그들에 의해서 끊임없이 인용되었던 바로 그 말들이다. 우리들이 오래전에 어디선가 들어왔던 인생의 성공에 관한 진실들이 바로 이 책, ≪정상에서 만납시다≫에 살아 숨쉬고 있는 것이다.

이 책은 이미 오래전에 여러 출판사에서 번역이 되어 나왔다. 그럼에도 산수야 출판사에서 저자와의 직접적인 판권 계약에 의해 또다시 책을 내게 된 이유는 순전히 발행인인 본인의 욕심에 의해서이다. 내 개인적으로 많은 책을 접해 보았지만, 아직 인생의 성공에 관한 책들 중 이 책을 능가하는 책을 읽어본 적이 없다. 나의 삶이 이 책으로 인해 성공적으로 변화했다고 스스로 생각하고 있을 정도이다.

저자 지그 지글러는 다른 성공자와는 조금 다른 사람이다. 단순히 성공 자체를 연구하는 사람이 아니라 실제로 세일즈와 자신의 삶을 통해 성공을 성취해 온 사람이다. 그는 성공하지 못하는 게으른 자의 변명조차 허용하지 않는다. "게으른 사람은 이 세상에 없다. 있다면 그 사람은 몸이 아프거나 정신적인 자극을 받지 못했을 뿐이다."라는 게 그의 주장이다. 그가 전해주는 메시지는 명확하고 짧다.

"See You At The Top"

많은 사람들이 이 책을 통해 내면에 잠자는 신념과 사랑, 낙관과 열정을 이끌어 내어 정상의 자리에 섰다. 그리고 이제 당신 앞에 또다시 이 책이 놓여 있다.

모든 것은 당신의 선택이다.

발행인 권윤삼

왜 문고판인가

≪정상에서 만납시다≫는 1975년 미국에서 출간된 이래 지금까지도 많은 독자들의 삶을 변화시키며 꿈과 비전을 심어 주고 있는 책이다. 또한 '다른 사람을 성공하도록 도와주면 자신도 성공할 수 있다'는 저자의 성공 철학은 여전히 지구촌의 절대 다수에게 감동과 열정을 불러일으키고 있다.

≪정상에서 만납시다≫는 단순히 성공하는 방법이나 기술에 관한 내용이 아니라, 인생의 성공에 관한 기본 원리와 원칙을 독자들에게 쉽고 분명하게 제시하고 있다. 따라서 성공적인 인생을 원하는 사람은 누구나 한 번은 읽어보아야 할 책이며, 실제로 국내에서도 많은 독자들이 이 책을 통해 성공의 기회를 접하고 있다.

≪정상에서 만납시다≫는 각 주제별로 나누어 여섯 단계로 잘 정리되어 있다. 그러나 전체 분량이 너무 많아 가볍게 들고 다니면서 읽기가 쉽지 않다는 독자들의 충고가 계속 있었다. 뿐만 아니라 각 주제들을 6권 정도의 문고판 형태로 만들면 훨씬 더 많은 독자들이 지그지글러를 접하게 될 것이라는 아이디어도 함께 주었다. 산수야출판사의 성공가이드센터에서는 독자들의 이러한 의견을 신중하게 하나하나 검토했고, 그 결과 책의 판매 여부를 떠나 ≪정상에서 만납시다≫를 문고판으로 출간하게 되면 훨씬 더 많은 독자들이 지그지글러의 성공 철학을 접하게 될 것이라는 확신을 갖게 되었다.

이미 ≪정상에서 만납시다≫를 구입한 독자들도 각각의 주제로 나누어진 문고판을 활용할 수 있을 것이고, 또 어떤 독자들은 6권으로 나누어진 문고판 중에서 자기가 필요한 내용들이 담긴 것을 한 권 한 권 구입할 수도 있을 것이다. 그러나 독자들이 어떤 선택을 하더라도 ≪정상에서 만납시다≫에 흐르는 지그지글러의 기본 철학을 이해하고 자기 것으로 만들 수 있다면, 그것이야말로 우리 산수야출판사의 가장 큰 즐거움일 것이다.

도서출판 산수야
성공가이드센터

이 책을 읽는 분을 위하여

　지금까지 살아오는 동안 나에게 도움을 주었던 사람들은 이루 헤아릴 수 없을 정도로 많다. 그 가운데에서도 나의 삶에 결정적인 계기를 마련해 준 몇몇 분들에게 짧은 지면을 통해서나마 꼭 고마움의 표현을 하고 싶다.

　어느 누구보다도 나의 곁에서 헌신적으로 가정을 가꾸어 주고 풍요로운 생활의 가치를 깨닫게 해 준 내 아내에게 고마운 마음을 전하고 싶다. 그녀의 사랑은 수많은 환경의 변화에도 불구하고 늘 변함이 없었으며, 지금도 내 삶의 동기를 유발시키는 원천이 되고 있다.

　독실한 신앙인의 모습을 보여 주었던 나의 어머니는 확신에 찬 신념과 의지, 숭고한 자기 희생을 통해 내 삶의 디딤돌 역할을 해주셨으며, 이 책을 쓰는 데 필요한 많은 조언을 아끼지 않으셨다.

나의 후견인 존 R. 앤더슨 부부는 내 생활의 지표를 마련해 준 분들이다. 그들은 깊은 사랑과 이해심으로 나를 당신들의 친아들처럼 보살펴 주었으며, 필요하다고 생각될 때는 서슴없이 엄중한 벌도 내리셨다.

월튼 헤이닝 씨는 삶의 지혜와 올바른 생활인의 태도를 가르쳐 주었으며, 대중에 대한 공포감을 극복할 수 있도록 용기를 길러주셨다. 한편 나의 첫 번째 세일즈 매니저였던 빌 크랜포드 씨와의 만남은 일상적인 세일즈맨과의 관계를 뛰어넘은 것이었다. 또한 P. C. 머렐 씨와 함께 보낸 결코 짧지 않은 기간은 더없이 소중한 시간이었다. 그는 나에게 자신감을 심어 주었다.

햄 클라우스 씨는 자신의 회사를 앞세워 내가 전국적으로, 더 나아가 세계적으로 명성을 떨칠 수 있도록 도와주었으며, 유능한 강연자로서, 작가로서의 길을 모색해 주었다. 그리고 강연장에서 자주 만나는 나의 동료인 카벳 로버트, 보브 리차드, 빌 고브, 딕 가드너, 켄 맥팔랜드, 그리고 과거에 자주 만났으나 지금은 고인이 된 찰리 쿨렌 등은 나에게 격려와 칭찬, 그리고 영감을 주었다.

나의 생활 철학인 '지그맨십(Zigmanship)'을 확립하는 데 필요한 충고와 도움, 찬사와 믿음을 준 버니 로프

칙은 내 인생과 직업에 중요한 역할을 했다.

나의 친한 친구이자 같은 강연 동료였던 댄 벨루스는 내가 이 책을 쓸 때 자신의 경험을 아낌없이 제공해 주었다. 또한 캐롤 필립스는 글을 쓰는 요령과 각별한 지도로, 이 책을 효과적으로 펴낼 수 있는 원동력이 되었다.

또한 원고를 끝까지 정리해 준 패티 본드, 내 개인 비서 조리타 시밍턴에게 진심으로 고마움의 말을 전한다.

앤 앤더슨은 바쁜 일상에서도 예수 그리스도의 필요성을 나에게 가르쳐 주었다. 그에게도 역시 진심으로 고마움을 전한다.

그리고 항상 나를 지켜보면서 많은 도움을 베풀어 준 나의 형제 자매들에게 깊은 애정을 보낸다. 우리는 언제나 서로 존경하고 사랑하고 격려하면서 살아왔다. 나의 이 작은 노력이 그들 모두에게 가치 있는 것이 되기를 소망한다.

마지막으로 나의 자녀들과 기쁨을 함께 하고 싶다. 언제나 적극적으로 뒷바라지를 해 주는 첫째 수잔, 행동파 둘째 신디, 그 뒤를 이은 줄리, 그리고 막내인 아들 톰은 나에게 젊음의 생기를 되찾아 주는 존재들이다. 그 아이들은 제각기 독특한 개성으로 나에게 많은 즐거움을 주었다. 때때로 작은 마찰을 일으키지만 그들 모두가 하나님이 주신 선물이라고 생각하기 때문에 나는 언제나 그

분께 감사드린다.

　이렇듯 지금까지 열거한 모든 이에게 다시 한 번 깊은 고마움을 전하며, 여기에 이름을 다 밝히지는 못하였지만 내가 결코 그 사람들에게 고마워하지 않는 것은 아니라는 사실을 본인들이 더 잘 알고 있으리라 믿는다.

　여러분 모두에게 행운과 하나님의 은총이 있기를 기도한다. 그리고 나는 여러분들과 정상에서 만날 수 있기를 간절히 바란다.

지그 지글러

Zig Ziglar

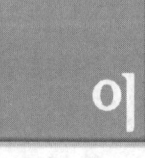

이 책의 활용법

1. 최소한 3회 이상을 반복해 읽으라

≪정상에서 만납시다≫는 한 번의 완독만으로는 그 묘미를 알 수 없다. 최소한 3번 이상 밑줄을 그으면서 읽어야 한다. 지속적인 반복 읽기를 통해 저자의 철학과 기본 원칙들이 자신의 내면에 완전히 녹아 내릴 수 있을 정도가 되어야 이 책의 힘을 체험할 수 있게 된다.

2. 책을 읽으면서 떠오르는 아이디어들을 메모하라

≪정상에서 만납시다≫는 긍정적이고 낙관적인 내용들로 꽉 차 있는 책이기 때문에 읽다 보면 많은 영감과 아이디어들을 얻게 된다. 그러한 영감과 아이디어들을 놓치지 말고 메모하라. 그리고 그 아이디어들을 구체화시

키고자 노력하면 기대 이상의 결과를 얻게 될 것이다.

3. 내용 속에 인용된 많은 예화들을 활용하라

≪정상에서 만납시다≫에는 800여 개 이상의 비유와
예화, 그리고 인간 승리에 관한 이야기들이 들어 있다.
이러한 예화들을 일상생활의 대화에서 충분히 활용한다
면 당신의 삶이 훨씬 풍요로워지고 재미있어질 것이다.
그리고 그러한 예화들을 활용하는 것만큼 당신의 생각이
더욱 낙관적으로 변하며, 성공하는 사람의 습관들을 자
연스럽게 가지게 될 것이다.

Contents

다른 사람들과 함께 성공하라

제2장 │ 당신의 행동이 다른 사람을 변화시킨다 • 55

다른사람들과 함께 성공하라

다른사람들과 함께 성공하라

제1장

다른 사람을 대하는 방법

좋은 점 발견자가 되라

몇 년 전에 자수성가한 100명의 백만장자를 대상으로 조사한 분석 결과가 있었다. 그들의 특징을 살펴보면 연령층은 매우 다양했으며, 교육 수준 역시 초등학교에서부터 철학 박사 학위를 받은 사람까지 다양했다. 또한 여러 가지 소질과 특징을 가지고 있었으며, 약 70%가 인구 1만 5천 명 이하의 소도시 출신이었다. 이러한 차이점에도 불구하고 그들에게는 하나의 공통점이 있었는데, 그것은 바로 그들 모두가 '좋은 점 발견자' 들이라는 사실이다. 그들은 그 어떤 어려운 상황에서도 다른 사람의 장점을 발견할 수 있었다.

한 소년이 화가 나서 자기 어머니에게 "엄마 미워!"라고 소리지르곤 벌을 받을까봐 두려워 산으로 도망갔다가 산에서 겪은 얘기가 있는데 한번 들어보길 바란다.

그 소년은 골짜기에 대고 "난 당신을 미워해, 미워해, 미워해."라고 소리쳤다. 그러자 골짜기에서 "난 당신을 미워해, 미워해, 미워해." 하는 메아리가 울려왔다. 당황한 그 소년은 집으로 뛰어왔다. 그리고 자기 어머니에게, 골짜기에 자기를 미워하는 나쁜 소년이 있다고 말했다. 그의 어머니는 그를 다시 산 위로 데리고 갔다. 그리고 아들에게 "난 당신을 사랑해, 당신을 사랑해."라고 외치게 했다. 아이는 어머니가 시키는 대로 소리를 질렀다. 그랬더니 이번에는 착한 소년의 목소리가 골짜기에서 울려왔다.

"난 당신을 사랑해, 당신을 사랑해."

인생은 메아리와 같다. 우리가 보낸 것은 우리가 다시 받는다. 씨는 뿌린 대로 거둔다. 당신이 준 그것을 다시 받는 것이다. 당신이 다른 사람한테서 무엇인가를 발견하면, 당신은 당신 자신한테서도 그것을 발견할 수 있다. 당신이 누구이며 당신의 직업이 무엇이든지 상관없이 당신이 만약 인생의 영역에서 가장 많은 보상을 받을 수 있는 최선의 방법을 찾고 있다면 당신은 모든 상황, 모든 사람에게서 좋은 점을 찾아내야 하며, 그것을 생활 방식의 하나로 그 황금과 같은 법칙을 적용하여 살아야 한다.

　당신이 사람을 보는 관점 그대로 사람들을 대우한다는 것은 명백한 사실이다. 다른 사람에게서 좋은 점이나 재능을 발견하기 위해 당신이 해야 할 일은 바로 그 사람에게서 그것을 찾으려 노력하는 것이다. 당신이 일단 다른 사람의 좋은 점이나 능력을 발견하기만 하면 당신은 그 사람을 더욱 잘 대해 주게 된다. 그리고 그 사람은 일을 더 잘 수행해 내게 된다. 그렇다면 그것은 매우 훌륭한 일이다. 그리고 좋은 점 발견자가 되는 것은 훌륭한 인간이 되는 길이다.

자존심을 살려 주라

4년 전에 나는 월터 해일리라는 사람을 만났다. 그는 텍사스 주 댈러 출신으로, 성공적이고 능동적인 사람이었다. 월터와 나는 만나자마자 즉시 친구가 되었는데, 나는 그와의 만남을 결코 잊을 수가 없다. 만난 지 얼마 후 그는 자기의 독특한 사업 가운데 하나를 나에게 보여 주고 싶다고 말했다. 그는 보험업을 경영하고 있었으며, 각 주에 있는 식료품 도매상점을 기준으로 해서 전국에 있는 수많은 독립 식료품 상인들을 대상으로 하는 상품 보험을 계획하고 있었다.

우리는 그 거대한 도매상점 가운데 한 곳을 방문했다. 그리고 우리가 들어갔을 때 그는 잠시 교환수 앞에 가서 걸음을 멈추고 말을 건넸다.

"교환수라는 것은 좋은 직업이라고 생각합니다. 당신에게 전화를 걸어본 사람들은 당신이 언제나 명랑하게 말해서 대단히 기분이 좋다고 얘기하더군요."

그 교환수는 환하게 웃으면서 대답했다.

"고맙습니다. 저는 언제나 그렇게 일하고 싶습니다."

그 다음 그는 사무실로 들어갔다. 한 부서를 지날 때 해일리 씨는 말했다.

"지글러 씨, 이 방으로 들어갑시다. 소개해 줄 사람이 있소."

그는 방 안으로 들어갔다. 그리고 부장에게 말했다.

"저는 당신에 대해서는 거의 모르고 있습니다. 그러나 이 부서에 대해서는 잘 알고 있지요. 당신이 이 부서를 너무나 잘 돌보고 있기 때문에 불평이란 찾아볼 수가 없는 것 같습니다. 이것은 당신이 잘하고 있기 때문이겠죠."

그러자 그 사람 역시 웃으면서 대답했다.

"그래요? 해일리 씨, 고맙습니다. 저는 최선을 다하고 있습니다."

우리는 2층으로 갔다. 그리고 사무실에 들어가기 전에 그는 내게 말했다.

"지글러 씨, 당신에게 멋진 비서를 소개하겠소."

그런 다음 그는 비서를 보고 이렇게 말했다.

"전에 이런 말을 한 적이 있는지는 모르겠지만, 어쨌든 제 아내가 하는 말이, 당신은 달이라도 붙들어 매둘 수 있다고 그러더군요. 또 제 아내는, 당신은 언제 어디서라도 달을 끌어내릴 수 있을 거라는 거예요. 그래서 부탁드리는 건데, 제발 지금은 그렇게 하지 말아요."

그러자 여비서는 웃으면서 이렇게 말했다.

"그렇게 말씀해 주시니 고맙습니다."

우리는 보험 담당 사무실로 들어갔다. 그리고 나를 향

해 그는 이렇게 말했다.

"지글러 씨, 이 유명한 보험인과 인사를 나누실까요? 이 사람은 언제나 신발을 벗지 않아요. 그만큼 부지런히 돌아다니지요."

이 모든 행동은 채 3분도 걸리지 않았지만 월터 해일리 씨는 모든 사람들의 자존심을 살려주었던 것이다. 그를 만나고 헤어지는 모든 사람들이 한결같이 전보다 자신이 더 훌륭한 사람이라는 느낌을 가졌다. 그는 그들을 능력 있는 사람으로 여기고 마음에서 우러나오는 칭찬을 해 주었던 것이다. 이것은 그들에게 직업에 최선을 다할 수 있는 열정을 갖게 해 줄 것이다. 그 결과 나는 그들이 능률적이고 효과적으로 일할 것을 확신할 수 있었다. 그리고 월터 해일리 씨 역시 그 만남 이후 기분이 대단히 좋았으며, 나 또한 그랬다. 다른 사람에게 좋은 영향을 주고도 자기 자신이 아무런 이익을 얻지 못하는 경우란 있을 수 없다.

칭찬하라

내가 세일즈맨으로 일하던 젊은 시절 나는 다음과 같은 얘기를 듣고 깊은 인상을 받았다.

다섯 살 된 한 소녀가 교회 음악 경연 대회에 출전했다. 소녀의 음성은 아름다웠으며, 장래가 촉망되었다. 성장하면서 소녀는 교회와 학교, 그리고 사회단체에서 자주 노래를 불러 달라는 요청을 받았다. 소녀의 부모는 딸에게 전문적인 음악 공부를 시켜야 할 필요를 느껴 소녀를 어느 유명한 선생에게 보냈다. 그 선생은 자기의 지도 방법을 최고로 여겼다. 그리고 그는 언제나 최고의 음성을 요구하는 완벽주의자였다. 소녀가 노래를 하다가 음정 하나라도 틀리면 하나하나 지적했다. 시간이 흐름에 따라 소녀는 선생을 사랑하게 되었다. 나이 차이도 있었고, 칭찬보다 비평을 더 많이 했음에도 불구하고 소녀는 선생에게 사랑을 느낀 것이다. 결국 그들은 결혼을 했다.

결혼 후에도 그는 그녀를 계속 가르쳤다. 하지만 그녀의 친구들은 그녀의 천부적인 목소리가 죽어가고 있다는 사실을 지적하기 시작했다. 그때부터 노래를 듣기 위해 그녀를 초청하는 사람들이 차츰 줄어들었다. 마침내 그 부부는 음악을 중지했다. 그런데 얼마 후 그녀의 남편이 사망했다. 남편이 사망한 후 몇 년 동안 그녀는 거의 노래를 하지 않았다.

　그러던 어느 날 갑자기 유능한 세일즈맨이 그녀에게 결혼 신청을 해 왔다. 그러자 이제까지의 모든 상황이 바뀌었다. 어쩌다가 그녀가 콧노래를 흥얼거리면 그는 이렇게 칭찬의 말을 했다.

　"노래를 더 불러봐요. 당신은 이 세상에서 가장 아름다운 목소리를 가졌군요."

　사실상 그는 그녀의 목소리가 훌륭한지 나쁜지, 혹은 평범한지 알지 못했다. 단지 자기가 그녀의 목소리를 정말 듣기 좋아한다는 것만 알고 있었을 뿐이었다. 그래서 그는 그녀에게 칭찬을 아낌없이 해 주었고, 그 말에 힘입어 그녀는 다시 노래를 부르게 되었다. 그러고는 여러 곳으로부터 다시 노래를 불러 달라는 요청이 들어오기 시작했다. 그 후 그녀는 '좋은 점 발견자'인 그 유능한 세일즈맨과 결혼했고, 성공적인 인생을 즐기게 되었다.

　사람들은 칭찬이 공중에 떠도는 공기만큼 많이 필요하다고들 말한다. 하지만 내가 강조하고 싶은 것은, 그 세일즈맨의 칭찬은 그녀가 필요로 하는 만큼이었으며, 그보다 중요한 것은 오히려 성실하고 진지했다는 점이다. 실제로 진지한 칭찬은 최고로 효과적인 가르침이며, 가장 자극적인 동기 유발의 방법이다.

　칭찬은 자동차 타이어 속에 들어 있는 공기와 마찬가

지로 삶의 고속도로를 쉽게 따라갈 수 있도록 우리를 인
도한다.

당신은 비즈니스맨이다

뉴욕에 사는 한 사업가가 초라한 차림으로 연필을 팔고 있는 어느 거지의 컵 속에 1달러를 넣어주고는 급히 지하철을 타러 가다가 다시 그 거지에게로 가서 컵 속에 꽂힌 연필 몇 자루를 꺼냈다. 그리고 연필을 가져가는 일이 늦어진 것에 대해 그 거지에게 정중하게 사과를 했다. 그런 다음 그는 이렇게 말했다.

"사실 당신은 나와 마찬가지로 사업가요. 왜냐하면 당신은 상품을 정당한 가격에 팔고 있기 때문이오."

그리고 나서 그는 다시 지하철을 타러 갔다.

몇 개월 뒤 의젓하게 생긴 한 세일즈맨이 그 사업가를 찾아와 이렇게 말했다.

"당신은 아마 나를 기억하지 못하실 겁니다. 그리고 나역시 당신의 이름을 모릅니다. 하지만 나는 당신을 결코잊을 수가 없습니다. 당신은 내게 다시 자존심을 갖도록해 주었습니다. 나를 보고 당신이 사업가라고 말해 주기전까지 나는 연필을 팔던 초라한 거지에 불과했습니다."

어느 현자는 이렇게 말했다.

"다른 사람이 그에게 할 수 있다고 말해 주기 때문에많은 사람들은 자기가 할 수 있다고 생각하는 그 이상의것을 한다."

당신은 다른 사람을 어떻게 보는가? 우리가 다른 사람에게 해 줄 수 있는 최대의 착한 일은 우리의 재산을 그들에게 나누어주는 것이 아니라 그들이 가지고 있는 능력을 일깨워 주는 것이다. 인간의 능력이 어느 정도에까지 미치는지 알게 되면 당신은 매우 놀랄 것이다. 이 책의 1, 2부는 자신의 중요성을 알라고 거듭 강조하고 있다. 성공과 행복의 첫 번째 단계는 자기 자신의 잠재력을 아는 것이고, 두 번째 단계는 다른 사람의 잠재력을 아는 것이다. 다행스럽게도 우리는 자신의 능력을 인정하기 때문에 다른 사람의 능력을 인정하기가 쉽다. 일단 우리가 다른 사람에게서 그것을 발견하면, 우리는 그 사람이 스스로 자신의 능력을 발견할 수 있게 도와줄 수 있다.

재능 은행

나의 좋은 친구인 노스캐롤라이나 주의 랄레이에 거주하는 데이브 스테워트. 그는 1973년도에 커비 회사에서 최고로 손꼽혔던 세일즈맨이었다. 그리고 지금도 많은 실적을 올리고 있다. 그러나 그가 처음부터 항상 이런 위치에 있었던 것은 아니다. 데이브 스테워트는 사과와 거북이 고기에서부터 냉차와 구두에 이르기까지 다양한 상품을 판매했다. 그는 지금 커비 진공청소기를 판매하고 있다. 하지만 그는 청소기를 판매하기 전에 고객들에게 그들의 잠재력이 무엇인가를 얘기해 주곤 한다.

사회에 첫발을 내디딘 후 20년 동안 데이브는 보통 사람들처럼 직장 생활을 성공적으로 이끌어 나갔다. 수당도 받았고, 상도 탔고, 돈도 제법 모을 수 있었다. 그리고 지역 사회에서 어느 정도 존경받는 인물로서 만족스런 생활을 하고 있었다.

그러던 어느 날 데이브는 재능 은행이라는 기구를 설립했다. 그 후 놀라운 일들이 일어났다. 신입 사원이 그 회사에 들어오면 그는 개개인의 신입 사원과 만나 재능 은행에 대해 자세히 설명해 주었다. 그 자체는 간단한 일이었다. 데이브는 각 세일즈맨들에게 인품이나 문제점, 그리고 과거 경력에 대해서는 상관하지 않겠다는 것과 함께 인간은 누구나 성공할 수 있는 재능을 가졌다고 말해 주었다. 어떤 신입사원들은 고객 선정이나 방문 판매에 관한 재능을 가지고 있고, 어떤 사람은 고객을 모집하고 제품 설명을 하는 능력을 가지고 있으며, 판매 종결을 하고, 판매 조직을 세우고, 합리적으로 일하는 등의 재능을 가지고 있다. 따라서 그들이 해야 할 일은 단지 그 좋은 점을 발견하는 것뿐이고, 그 다음에는 각 개개인의 잠재된 재능을 계발하는 것이다.

나이, 학력, 인종, 신조, 피부색에 관계없이 이 접근 방법은 효과가 있었다. 데이브의 회사가 번창하는 것을 보면 이 접근 방법이 건전한 것임을 분명히 알 수 있다.

그의 회사에 근무하는 두 명의 톱 세일즈맨은 이 접근 방식으로 성공을 거둔 대표적인 사람들이다. 그 가운데 한 사람은 흑인이고, 또 한 사람은 학교라고는 중학교 2학년까지밖에 다니지 못했다. 둘 다 젊은이이며, 1972년부터 커비 회사에서 세일즈를 시작했다. 그들은 매년 3만 달러 이상의 수입을 올리고 있다. 간단히 말해서 재능은행 아이디어는 각 사원의 소득을 올려주는 것이라고 할 수 있다.

데이브는 감정과 상식 역시 풍부했다. 데이브는 지난날 상처를 입은 적도, 회의를 느낀 적도, 실패와 좌절을 한 적도 있었다. 그래서 그런지 그는 사원들의 심정을 누구보다도 잘 알고 있었으며, 그 결과 이론과 실제 경험을 바탕으로 재능 은행 프로그램을 개발한 것이다.

놀라운 사실은 데이브가 다른 사람의 재능을 인정하고 계발하도록 도와주면 그의 재능도 함께 계발된다는 것이다. 어떤 면으로 보면 그것은 웃음과도 같은 것이다. 다른 사람에게 더 많은 웃음을 보내면 보낼수록 자신에게 돌아오는 웃음도 그만큼 많아진다.

데이브의 이런 접근 방법의 결과는 믿을 수 없을 정도였다. 지난 3년 동안 그의 대리점은 빠르게 성장했고, 또한 이미 세 개의 다른 대리점까지 갖게 되었다. 그는 장래를 위하여 열심히 뛴 결과 매달 1,000개의 커비 상품을 판매할 수 있었다. 그의 새로운 목표는 한 달에 2,500개의 매출을 올리는 것이다. 당신은 아직도 의심할지 모르겠다. 하지만 데이브는 남을 성공하도록 도와주었기 때문에 자기의 재정 상태도 좋아진 것이다. 그는 해변에 별장을 갖게 되었고, 미국에서 이름난 골프장에 넓은 대지를 소유하게 되었다. 그리고 호화로운 자동차들과 주식 등을 가지고 있다.

그의 이러한 성공에는 물론 태도, 목표 설정, 일하는 자세, 욕망 등 많은 요소가 작용했다. 그러나 그 가운데에서 무엇보다도 두 가지 사실이 가장 중요하다. 그 첫째는 데이브 스테워트와 그의 사원들의 빠른 성장은 데이브가 다른 사람의 능력을 인정해 주기 시작하면서부터 이루어지기 시작했다는 사실이다. 둘째로, 그는 하나의 목표가 달성되자마자 즉시 더 큰 목표를 향해 노력을 기울였다는 것이다. 데이브 스테워트의 얘기는 당신이 만약 다른 사람이 소망하는 것을 얻을 수 있도록 충분히 도와준다면 당신도 역시 당신의 인생에서 소망하는 모든 것을 얻을 수 있다는 사실을 증명해 준 것이다.

실험용 쥐

하버드 대학의 로버트 로젠달 박사는 수년 전에 학생들과 쥐를 상대로 한 가지 실험을 했다. 그는 학생들과 쥐를 세 그룹으로 나누었다. 그리고 첫 번째 그룹의 학생들에게 이렇게 말했다.

"자네들은 행운아다. 왜냐하면 이 천재적인 쥐를 다루게 되었기 때문이다. 이 쥐들은 지적으로 키워졌으며 대단히 총명하다. 그렇기 때문에 복잡한 미로 속에서도 옥수수를 찾아낼 것이며, 치즈도 많이 먹을 것이다. 그럼, 이제부터 영양을 충분히 섭취하도록 먹이를 골고루 주도록 해라."

그는 두 번째 그룹의 학생들에게 이렇게 말했다.

"자네들은 그렇게 총명하지도 둔하지도 않은 보통의 쥐들을 다루게 되었다. 이 쥐들은 간신히 옥수수를 찾아내고, 치즈도 조금 먹게 될 것이다. 그 쥐들은 능력과 지각이 평범하므로 크게 기대하지는 말아라."

그는 세 번째 그룹의 학생들에게 이렇게 말했다.

"이 쥐들은 멍텅구리다. 쥐들이 옥수수를 찾아낸다면 그것은 우연일 것이다. 이 쥐들은 지능이 너무 낮아서 그 일을 해낼 수 없을 것이다. 자네들은 치즈를 살 필요도 없고, 그저 치즈라는 표시로 옥수수 끝에다 글씨나 써서

꽂아 놓아라."

그 뒤 6주 동안 쥐들이 어떻게 했으리라고 생각하는 가? 학생들은 똑같은 과학적 조건하에서 쥐를 실험했다. 실험에 사용된 모든 쥐들은 옥수수를 찾아냈다. 천재 쥐 들은 천재처럼 움직여 짧은 시간 내에 옥수수를 찾아냈 다. 평범한 쥐들—당신은 평범한 쥐들이 어떻게 했으리 라고 생각하는가? 평범한 쥐들도 옥수수를 찾아냈다. 그 러나 시간이 너무 오래 길렸다. 바보 쥐들의 상황은 매우 나빴다. 바보 쥐들은 옥수수를 찾는 데 너무나 많은 어려 움을 겪었다. 그 중 한 마리가 옥수수를 겨우 찾아냈는 데, 그것은 옥수수가 있는 방향으로 그 쥐가 비틀거려 넘 어졌기 때문에 찾아낼 수 있었던 것이다.

여기에서 우리는 대단히 재미있는 사실을 발견할 수 있다. 사실 이 지구상에 천재 쥐란 없으며 바보 쥐도 없 다. 쥐는 모두 똑같다. 단지 이 실험에 참가한 학생들의 태도에 차이가 있었을 뿐이다. 그 학생들은 쥐들의 언어 는 몰랐지만 쥐들은 자신을 대하는 학생들의 태도를 느 낄 수 있었다. 그리고 그 태도가 모든 생물의 공통된 언 어가 되는 것이다.

아이들-세일즈맨들-환자들-고용인들-부부들

한번 물어보겠다. 당신에게는 어떤 아이들이 있는가? 당신이 세일즈맨이라면 당신은 어떤 고객을 만나는가? 당신이 세일즈 매니저라면 당신은 어떤 세일즈맨들을 데리고 있는가? 당신이 의사라면 당신은 어떤 환자들을 치료하고 있는가? 당신이 고용주라면 당신은 어떤 종업원들을 고용하고 있는가? 당신이 남편이라면 당신은 어떤 아내와 살고 있는가? 당신이 아내라면 당신은 어떤 남편과 살고 있는가?

당신은 아마 이렇게 말할지도 모른다.

"잠깐, 지글러 씨. 조금 전에는 쥐에 대한 얘기를 하더니 이젠 갑자기 내 아이들, 아내, 남편, 내 고객에 대해 얘기하고 있군요. 어떤 말을 하려고 그러는지 좀 분명히 알려줄 수 없겠소?"

한마디로 말해서 나는 지금 당신의 태도에 대해서 말하고 있다. 나는 다른 사람을 대하는 당신의 태도와 그 태도로 인해 미치게 되는 영향력의 중요성을 말하고 있는 것이다. 앞에서 언급한 쥐에 대한 실험 얘기를 좀 다른 각도에서 생각해 보자. 그 실험은 한 단계 더 나아가 초등학교에서도 행해졌었다.

한 교사가 이런 말을 들었다.

"당신은 천재 아이들을 담당하게 됐으니 행운아요. 이 아이들은 매우 총명해서 놀라울 정도요. 그 아이들은 당신이 질문하기 전에 대답하려 할 거요. 그리고 그 아이들은 너무 총명해서 당신을 골탕먹이려 들지도 모르오. 그 아이들 가운데 몇 명은 게으름을 피우느라 숙제를 적게 내달라고 부탁할 거요. 그러나 당신은 그 아이들의 말에 귀를 기울이지 마시오. 그 아이들은 숙제를 충분히 할 수 있소. 몇몇은 그 숙제가 너무 힘들다고 할지도 모르겠소. 그러나 그런 말에는 귀를 기울이지 마시오. 또한 그 숙제가 힘들 것이라고 걱정하지도 마시오. 당신이 만약 날마다 사랑과 진심에서 우러나오는 친절을 베푼다면 그들은 매우 어려운 숙제도 충분히 해낼 수 있을 거요."

두 번째 교사는 이런 말을 들었다.

"당신은 총명하지도 유별나게 둔하지도 않은 평범한 수준의 아이들을 담당하게 됐소. IQ도, 가정환경도, 능력도 모두 평범한 아이들이라서 우린 그저 평범한 수준의 결과를 기대하고 있소."

자연히 그 천재 학생들은 평범한 학생들보다 공부를 더 잘했다. 학년 말 시험에서 그 천재 학생들은 평범한 학생들을 월등히 앞질렀다. 그런데 이 실험에 참가한 학생들 중에는 사실상 천재란 없었다. 이 학생들은 천재가 아닌 모두 평범한 학생들뿐이었다. 차이점이 있었다면 학생들에 대한 교사의 태도였다. 교사는 평범한 학생들을 천재로 생각했고, 그래서 그들을 천재처럼 대우했다. 그리고 천재와 같은 능력을 기대했다. 마침내 학생들은 선생의 기대처럼 천재가 되었다. 여기에서도 알 수 있듯이 당신이 사람들을 어떻게 보느냐에 따라 그 사람에 대한 태도가 결정되며, 당신의 태도가 그 사람을 훌륭하게도 또는 평범하게도 만들 수 있다는 것은 맞는 말이다.

여기 하나의 질문이 더 있다. 당신의 아이들은 바로 5분 전보다 좀더 총명해졌는가? 당신의 회사에 있는 세일즈맨의 경우는 어떤가? 당신의 직원이나 동료들이 그 짧은 시간 동안에 좀더 생산적이고, 좀더 현명해지고, 좀더 전문적이고, 좀더 솜씨를 발휘하게 되었는가? 당신의 아내는 어떤가? 그녀가 좀더 아름답고 매력적으로 변해가고 있는가? 당신 남편의 능력은 날로 성장하고 있는가? 만약 이런 일들이 일어나지 않았다면 책장을 다시 넘겨서 읽어보자. 왜냐하면 당신은 중요한 부분을 놓쳤기 때문이다. 당신의 가족과 친구, 그리고 동료들은 문제가 있다. 그 문제는 바로 당신이다.

시인은 이 문제를 아름다운 말로 표현했다.

"당신이 한 사람을 있는 그대로 받아들이면 당신은 그 사람을 현재의 상태보다 더 나쁘게 만든다. 그러나 당신이 만약 그를 가능한 한 최선의 인물로 받아들이면 그는 실제로 가능한 한 최선의 인물이 된다."

당신이 만약 이 책을 읽고 있는 동안 당신의 아이들이 갑자기 더 총명해진다면, 그리고 남편이 또는 아내가 또는 동료가 그들이 처한 상황에서 더 발전한다면 나는 당신에게 이렇게 말할 것이다.

"축하합니다. 당신이야말로 진보하고 있는 사람입니다."

다른 사람에게서 장점을 발견하라는 이 철학의 전형적인 예로, 은퇴한 UCLA의 코치 존 우든을 꼽을 수 있다. 그는 그가 맡은 농구 선수들을 한 사람의 전인적인 인간으로 보았으며, 선수들의 동작이 민첩해지는 데 관점을 기울이는 만큼 선수들의 도덕성, 인간성에도 관심을 기울였다. 또 인생이란 다른 사람을 존중하면서 일을 할 때에 더욱 그 가치가 향상된다고 믿었으며 그렇게 가르쳤다. 협동심, 헌신, 충성심, 열정, 균형, 최상의 컨디션 등이 모든 것이 그 팀의 트레이드 마크였다. 그 팀은 전국 대회에 열두 번 출전하여 열 번을 우승했으며, 그 가운데 일곱 번은 연달아 계속해서 이긴 것이다.

우리는 그의 철학을 인정하지 않을 수 없다. 그 팀의 선수들이 승리를 그다지 중요하게 생각하지 않았다는 사실을 알게 되면 아마도 당신은 놀랄 것이다. 실제로 존 우든은 그의 선수들에게 승리에 대해서는 아무런 언급도

하지 않았다. 그는 단지 모든 선수들에게 최선의 효과를
강조했을 뿐이다.

당신은 나쁜 선수이다

빈스 롬바르디가 이끄는 축구 팀은 그린베이파커스 경기를 위한 훈련 기간 동안 제대로 되는 것이 아무것도 없었다. 그는 한 가드를 불러 그의 실수를 지적했다. 그 날은 후덥지근한 날씨였는데 롬바르디는 자기가 할 수 있는 한 최대한으로 그 가드에게 비난을 퍼부어 댔다.

"이봐, 자네는 형편없는 선수야. 지넨 상대방을 막으려 하지도 않고, 힘을 다해 뛰지도 않고, 태클도 하지 않아. 사실 오늘로서 자네의 연습은 끝났어. 가서 샤워나 하지 그래."

그 가드는 고개를 떨구고 탈의실로 갔다. 45분쯤 뒤 탈의실 안으로 들어간 롬바르디는 유니폼을 입은 채 여전히 라커 앞에 앉아 있는 그 가드를 보았다. 그는 머리를 숙이고 조용히 흐느끼고 있었다. 순간 빈스 롬바르디는 특유의 무표정한 얼굴로, 그 선수에게 다가가서 어깨를 감싸주며 이렇게 말했다.

"이봐, 난 자네에게 사실 그대로를 말했어. 자네는 나쁜 선수야. 자넨 상대방을 막으려 하지도 않고 태클을 걸려고도 하지 않아. 그리고 경기에 열심히 임하지도 않지. 그렇지만 자네에 대한 내 얘기는 이게 전부가 아니야. 자네 내부에는 위대한 선수가 될 자질이 있음을 나는 알고 있네. 그 소질이 밖으로 표출되어 당당히 드러나게 될 때까지 나는 자네를 다그칠 거야."

이 말을 들은 제리 크래머라의 기분은 말할 수 없이 좋아졌으며, 그 후 그는 프로 축구사상 최초의 올타임 가드로 선출되었다.

롬바르디는 사람들이 자기 자신 안에서 발견하지 못하는 어떤 것들을 발견하곤 했다. 그는 변덕이 심하기는 했어도, 언제나 따스한 정이 넘치는 사람이었다. 선수들이 가진 재능을 충분히 사용하도록 자극을 주고 생기를 불어넣어 주는 그런 사람이었다. 그 결과 롬바르디가 지도한 선수들은 그린베이 경기에서 연속적으로 세 번에 걸쳐 세계 챔피언의 영광을 그에게 안겨주었다.

나중에 그가 워싱턴 팀으로 이동하자 많은 사람들은 그가 소니 저겐센을 어떻게 다룰 것인지 궁금해했다. 소니 저겐센은 재주는 많았지만 훈련되지 않은 선수였다. 그들의 이런 궁금증은 오래가지 않았다. 첫 연습을 하는 날 보도진 가운데 한 기자가 저겐센에 대해 질문을 했다. 롬바르디는 저겐센을 불러 세우고 그의 어깨에 팔을 얹으며 말했다.

"여러분, 이 사람은 세계 축구사상 가장 위대한 쿼터백입니다."

그 해가 저겐센에게 있어서는 생애 최고의 해가 되었

음은 당연하다. 저겐센이 최대의 노력을 기울여 연습과
경기를 한 것은 두말할 나위가 없다. 롬바르디는 다른 사
람의 장점을 발견할 줄 알았다. 그러고는 자기가 발견한
대로 그 사람을 대했으며, 그 사람의 내부에 있는 좋은
점이 계발될 수 있도록 도와주었다.

꼬마 애니

헬렌 켈러의 선생이었던 설리반(꼬마 애니)은 정신병
자였다가 한 늙은 간호사의 도움으로 새사람이 되었다.
그래서 그녀는 정상인이 된 후에도 병원을 떠나지 않고
다른 환자들을 위해 일했다. 그러다가 맹인이자, 벙어리
이고, 귀머거리인 헬렌 켈러를 가르쳐 세계적인 위인으
로 만들었다. 그녀에 대한 얘기를 좀더 자세히 해 보자.

매사추세츠 주 보스턴 근교에 있는 한 정신병원의 특
실에 '꼬마 애니'라는 소녀가 입원해 있었다. 이 병원은
이름난 곳이었으나, 특실에 입원한 환자는 거의 가망이
없다고 의사들은 말해 왔다. 의사들은 꼬마 애니를 산송
장처럼 여겼다.

당시 그 병원에는 은퇴를 앞둔 늙은 간호사가 있었다.
그녀는 꼬마 애니도 하나님의 자녀라고 생각했기 때문에
애니를 회복시키기 위해 매우 노력을 기울였다. 그래서
늙은 간호사는 꼬마 애니에게 점심을 가져다주고, 꼬마
애니와 함께 식사를 하곤 했다. 어린 소녀에게 사랑과 희
망을 조금이라도 안겨주고 싶었기 때문이리라.

여러 면에서 볼 때 꼬마 애니는 동물과 마찬가지였다.
때때로 애니는 자기 방에 들어오는 사람을 몹시 심하게
공격하기도 했고, 어떤 때는 사람들을 완전히 무시하기

도 했다. 그 나이 많은 수간호사가 애니를 찾아가기 시작했을 때도, 애니는 그 간호사의 존재를 느낀다는 어떤 징후조차도 전혀 보여 주지 않았다.

어느 날 수간호사는 동전 몇 개를 가지고 애니를 방문했다. 그러고는 애니의 침대 옆에 동전을 두었다. 하지만 역시 애니는 동전이 거기에 있다는 것을 전혀 알지 못하는 듯했다. 그렇지만 그 다음날 수간호사가 애니의 방에 가보자 동전은 사라지고 없었다. 그때 이후로 수간호사는 목요일에 애니를 방문할 때마다 동전을 가지고 갔다. 얼마 후 의사들은 애니에게 분명한 변화가 일어나고 있음을 알았다. 일정 기간이 지난 후 애니는 2층으로 옮겨지게 되었다.

마침내 '가망 없는 환자'였던 이 소녀가 집으로 돌아갈 수 있는 날이 되었다. 하지만 꼬마 애니는 병원을 떠나고 싶어하지 않았다. 만약 자기가 그곳에 계속 머물며 다른 환자들과 함께 생활한다면 그 환자들에게 커다란 도움이 될 수 있을 거라는 생각 때문이었다. 수간호사에 의해 그 가능성이 발견되어 혼자의 힘으로 일어날 수 있었던 꼬마 애니는, 자기 역시 다른 사람의 가능성을 발견하고 그것을 계발하는 데 도움이 될 수 있을 거라고 믿었던 것이다.

여러 해 뒤 영국의 빅토리아 여왕은 외국인에게 주는

최고의 훈장을 헬렌 켈러 여사에게 주면서 물었다.

"당신은 두 눈이 멀고 귀도 들리지 않는데 어떻게 이토록 많은 업적을 남길 수 있는 사람이 되었습니까?"

그때 헬렌 켈러는 조금도 주저하지 않고, 만약 자기의 가정교사 앤 설리반이 없었더라면 헬렌 켈러라는 이름은 세상에 알려지지 못했을 것이라고 대답했다.

헬렌 켈러는 원인을 알 수 없는 병을 앓기 전, 지극히 정상적이며 건강한 아이로 성장했다. 그러나 병을 앓고 난 후 거의 가망 없고 가치 없는 존재가 되어버렸다. 앤 설리반 선생은 이런 헬렌 켈러를 하나님의 특별한 사람으로 생각했다. 앤 설리반 선생은 자신이 생각한 대로 헬렌 켈러를 다루었고, 사랑했으며, 교육시켰고, 함께 놀아주고, 기도하고, 벌주며 함께 생활했다. 이런 일은 꺼져가는 촛불에 불과했던 헬렌 켈러의 삶이 당당한 횃불이되어 전 세계 사람들의 길을 밝혀주고 정신적인 짐을 가볍게 해 주는 데 도움이 되는 사람이 될 때까지 꾸준히이어졌다. 그렇다. 헬렌 켈러는 '꼬마 애니(앤 설리반)'의 보살핌이 있은 다음에야 비로소 수백만의 사람에게그 빛을 발할 수 있었던 것이다.

눈은 마음의 창

　여러 해 전 어떤 노인이 버지니아 주 북부에 있는 한 강가에서 강을 건너려고 했다. 날씨는 춥고 다리도 없었기 때문에 노인은 무엇이든 타고 건너야만 했다. 오랜 시간 강가에서 기다리고 있으니 여러 사람들이 말을 타고 오는 것이 보였다. 첫 번째 사람이 말을 타고 강을 건너갔다. 그리고 뒤이어 두 번째, 세 번째, 네 번째, 다섯 번째 사람도 지나갔다. 드디어 여섯 번째 말을 탄 사람만이 남게 되었다. 노인은 그에게 다가가 눈을 들여다보며 말했다.

　"여보시오, 나를 건너편까지 좀 태워줄 수 있겠소?"

　그러자 말을 탄 여섯 번째 사람은 전혀 망설이지 않고 대답했다.

　"네, 물론 그렇게 하죠."

　강을 다 건너자 노인이 말에서 내렸다. 그 노인이 떠나려 하자 말을 탄 사람이 물었다.

　"왜 다른 사람들이 지나갈 때는 가만히 서 있다가 하필 나한테 부탁을 했습니까?"

　노인은 즉시 이렇게 대답했다.

　"그들의 눈을 보며 그들에겐 사랑이 없음을 알았소. 그래서 부탁을 한다고 해도 소용없을 것이라는 걸 알았소.

그러나 당신의 눈을 보고 나는, 당신이 다른 사람에게 사랑과 동정심, 그리고 자발적으로 도움을 줄 만한 사람이라는 것을 알았소. 당신이라면 나를 기꺼이 건네주리라는 것을 난 믿었소."

이 말을 들은 그는 겸손히 이렇게 말했다.

"고맙습니다. 그 말씀의 뜻을 깊이 새기겠습니다."

그리고 말 탄 사나이, 즉 토머스 제퍼슨은 백악관으로 말을 달렸다. 눈은 마음의 창이라는 말은 옳다. 이 제퍼슨의 경우 노인은 그의 눈을 올바로 읽은 것이다.

한 가지 물어보겠다. 당신이 만약 제퍼슨의 경우처럼 마지막 사람이었다면, 그 노인이 과연 당신에게 강을 건네줄 수 있겠느냐고 부탁할까? 충고를 하는 것과 손을 빌려주는 것과는 대단한 차이가 있기 때문에, 그가 당신에게 그러한 부탁을 하는 것은 엄청나게 중요한 일이다. 당신은 아마도 누군가를 위해서도 기꺼이 그 강을 건너려고 할 것이다. 사람들이 산을 오를 수 있도록 곁에서 힘을 주고 도와주는 안내자인 하베이 파이어스턴은 이것을 "당신 자신의 최선의 것을 다른 사람에게 줄 때 당신 또한 그 사람으로부터 최선의 것을 얻게 된다."라고 아름답게 말했다.

욕구를 찾아내고 그 욕구를 충족시키라

여기 한 가지 실화가 있다. 라 본과 번 드래그트는 믿음과 열심히 일하는 것, 이 두 가지가 대부분의 인생을 해결해 준다고 믿었다. 번은 소아마비에 걸리기 전까지 돈벌이가 좋은 미장이였다. 그에게는 세 명의 자녀가 있었고, 그가 병에 걸린 이후 그는 4년 반 동안 회복하기 위해 극심한 투병 생활을 해야만 했다. 오늘날 번과 라 본은 1,000개 이상의 투퍼웨어 대리점을 포함하여 연간 800만 달러 이상을 벌어들이는 사업을 하고 있다.

소아마비에 걸리게 된 그때부터 오늘날에 이르기까지 그 사이에 있었던 일들은 하나의 얘기에 불과하다. 번이 병에 걸리고 저축한 돈도 모두 써버리자 그의 아내 라 본은 직장을 찾아 나섰다. 그녀는 하루에 10시간씩 일했기 때문에 너무나 지쳐서 남편과 자식들을 제대로 보살필 수 없었다. 그래도 그녀는 투퍼웨어를 취급하는 일을 사랑하게 되었고, 하루 종일 일을 했다. 그 일은 재미도 있었고 이익도 많았다. 그래서 그녀는 일 중심의 스케줄 대신 가족 중심의 스케줄을 짤 수 있었다.

그와 동시에 그녀는 자기처럼 가정을 가진 여성들의 문제점을 알게 되었고, 그들에게 도움의 손길을 뻗쳤다. 그 결과 적극적으로 수많은 배급망이 조직되었고, 남편

번을 위한 경제적인 필요도 충족되었다. 뿐만 아니라 지역 사회와 동료, 교회 사업에 공헌하게까지 되었다. 그리고 그 부부는 미국에서 최대의 대리점을 가진 회사 가운데 하나를 경영하게 되었고, 지역 사회와 동료, 교회에 공헌할 수 있게 되었다.

번과 라본은 그들 회사에 근무하는 100명의 지배인들이나 수많은 대리인들이 아름다운 차를 몰고 다니도록 해 주었으며, 그들의 목표를 달성하도록 도와준 것이다. 그들이 키운 수많은 사람들 가운데 지금 그들 사업체의 부사장인 헬 엠페이도 있다. 그들의 주목할 만한 성공은 다름 아니라, 다른 사람들이 필요로 하는 것을 깨닫고 그 필요를 충족시켜 준 결과로 인한 것이다. 당신도 번 부부처럼 사람들이 필요로 하는 것을 알고 그것을 충족시켜 준다면, 당신 역시 원하는 많은 것을 얻을 수 있을 것이다.

다른 사람을 먹여 줌으로써 당신 자신은 더 잘 먹게 된다

어떤 사람이 천국과 지옥을 모두 여행할 기회가 있었다. 그 사람은 지옥 구경을 먼저 했다. 지옥에 있는 사람들은 만찬 식탁에 앉아 있었다. 상상도 할 수 없을 정도의 많은 음식과 과일 및 야채 등이 식탁 위에 있었다.

마귀가 말하기를 "저 사람들은 더 이상 요구할 것이 없다."라고 했다. 그러나 여행자는 조심스럽게 그들을 들여다 본 후 그들에게는 웃음도 없고, 몸에 뼈만 남았다는 사실을 알았다. 음악도 없었다. 그들은 왼손에는 포크를, 오른손에는 나이프를 들고 있었다. 포크와 나이프의 길이는 약 4피트쯤 되어 보였다. 그래서 그들은 음식을 찍어 먹을 수 없었다. 그들은 남에게 음식을 먹여줄 줄은 모르고 자기의 입에만 넣으려고 헛수고만 계속 할 뿐이었다. 그들은 온갖 맛있는 음식을 앞에 두고 굶어죽기 직전에 있었다.

그 다음에 여행자는 천국 구경을 하게 되었다. 천국에도 지옥에서 본 것과 똑같은 음식과 포크와 나이프가 있었다. 포크와 나이프의 길이는 역시 4피트쯤 되어 보였다. 그러나 그들은 건강하고 생기가 넘쳐흘렀다. 여행자는 의아해했다. 어쩌면 이토록 똑같은 환경에서 이토록 차이가 나는 걸까. 그때 그는 곧 그 이유를 알게 되었다.

지옥에서는 모두 자기만 먹으려 했지만 4피트나 되는 포크와 나이프로는 음식을 먹을 수 없었다. 그러나 천국에서는 서로서로 상대방에게 음식을 찍어 먹여 주고 있었다. 상대방을 도와줌으로써 자신도 도움을 받고 있었던 것이다.

이 이야기가 전하고자 하는 메시지는 분명하다. 다른 사람이 직면해 있는 상황을 어떻게 보느냐에 따라 당신의 태도는 완전히 달라질 것이다. 여기서 내가 다시 당신에게 기억시키고자 하는 것은, 당신이 다른 사람이 소망하는 것을 얻을 수 있도록 충분히 도와준다면 당신 역시 당신이 소망하는 모든 것을 얻을 수 있다는 사실이다.

제2장

당신의 행동이 다른 사람을 변화시킨다

중간 아이는 색다르다

내 개인적인 얘기를 하겠다. 딸만 셋을 두었을 때 우리 부부에게는 문젯거리가 하나 있었다. 중간 아이는 다섯 살이었다. 모든 사람들이 다 알다시피 중간 아이는 다른 형제들과는 좀 다르며 종종 문제아가 되기도 한다. 우리는 친구와 친척들이 한결같이 중간 아이는 좀 색다르다고 얘기했기 때문에 우리의 둘째 아이에게도 문제가 있으리라 미리 짐작하고 있었다.

다른 형제들과 좀 다르다는 것은 맏아이에게 있는 안정감과 독립심이 없으며, 막내에게 일반적으로 있다고 생각되는 호소력과 동정심이 없음을 이른다. 부모들이 만약 중간 아이를 다르다고 생각한다면, 다른 형제들도 언제나 그 아이를 색다르게 취급할 것이다. 그러면 그 중간 아이는 결국 부모들이 취급하는 대로 다른 아이들과는 다르게 된다. 친구와 친척들은 우리에게 그 아이의 다른 점이—우리가 그렇게 취급했기 때문에 생겨난—긍정적인 것이 될 수도, 부정적인 것이 될 수도 있다는 얘기는 하지 않았다.

나는 중간 아이를 전통적인 방법으로 취급했다.

"신디는 어째서 저렇게 자주 울까? 그 애는 어째서 수잔과 줄리 같을 수 없을까? 그 애가 다른 이유는 뭘까? 그 애는 어째서 좀더 즐거워하고 행복해하지 않을까?"

신디는 남다른 반응을 보였다. 신디는 울고, 불평하고, 대체로 내가 염려한 대로 행동했다. 신디가 처음부터 달랐던 것은 아니다. 하지만 신디는 우리의 짧은 명령과 요구를 받을 때마다 점점 더 색다르게 변해 갔다. 그때 우리는 사람의 마음이 어떤 작용을 하는지에 대해서 공부하게 되었다. 이윽고 우리는 성경에서 그토록 명확하게 말하고 있는 '뿌린 대로 거두리라'는 말의 의미를 배우게 되었다. 콩 심은 데서 팥을 거둘 수 없는 것과 마찬가지로 어떠한 훈시이든 부정적인 교훈으로는 긍정적인 아이로 키울 수 없다는 것을 배운 것이다.

우리는 신디에 대한 태도를 바꾸기로 했다. 손님이 찾아올 때면 나와 아내는 신디를 이렇게 소개했다.

"이 아이는 언제나 행복해하기 때문에 모든 사람들이 이 애를 사랑한답니다. 이 애는 항상 잘 웃는답니다."

그러고 나서 "애야, 이분에게 네 이름을 말씀드려야지."라고 했다. 그러면 그 애는 언제나 두 자리가 비어 있는 앞니를 드러낸 채 싱긋 웃으며 말하곤 했다.

"내 이름은 올챙이예요."(아주 조그마한 계집아이에게는 이 얼마나 사랑스러운 이름인가!)

그러면 또다시 우리는 반복하여 말했다.

"이 아이 신디는 언제나 웃고 있어요. 이 애는 모든 일에 기뻐하고, 명랑하며, 친절하고, 상냥해요. 그렇지 않니, 신디야?"

신디는 환하게 웃으면서 대답했다.

"네, 그래요. 엄마."(자녀들을 다룰 때 무엇보다도 중요한 것은, 그들에게 부모의 권위를 존중하며 예절을 다하도록 가르치는 것이다. 자녀들에게는 친구나 동료들보다는 부모로서 존경할 대상이 있다는 것을 알 때에 오히

려 더욱 깊은 안정감을 느끼게 된다. 그렇기 때문에 우리
는 아이들에게 존대어를 사용하도록 가르쳤다.)

이러한 방법을 사용한 지 불과 한 달쯤 지났을 때 우리
는 진실로 부모로서의 행복한 경험을 하게 되었다. 어떤
사람이 우리를 만나러 왔고 우린 습관대로 신디를 불렀
다. 그리고 말했다.

"이 애는 모든 사람이 사랑하는 우리 딸 신디예요. 이
분에게 네 이름을 말씀드려야지, 애야."

그러자 신디는 내 코트 소매를 붙잡고 말했다.

"아빠, 저는 이름을 바꿨어요."

다소 놀란 내가 물었다.

"그럼, 네 이름이 뭐지?"

전보다 더 환하게 웃으면서 신디가 대답했다.

"난 행복한 올챙이예요."

이웃 사람들은 신디에게 대체 어떻게 해서 그와 같은
변화가 일어났는지 알고 싶어했다. 그렇다. 신디에게 중
요한 변화가 일어난 것이다. 하지만 그 변화는 우리가 신
디를 최고의 사랑을 받을 준비가 되어 있는 아이로 보기
시작했을 때부터 일어났다. 우리가 명랑하고 행복한 소
녀라는 전혀 새로운 눈으로 신디를 바라보면서 사랑하고
행복한 아이로 대하자 그 애는 명랑하고 행복한 소녀가
되었다. 그래서 지금도 우리는 그 애를 '감미로운 아이'

라고 부른다. 그렇다. 우리는 다른 사람을 우리가 보는 대로 다루기 때문에 다른 사람을 적절하게 보는 법을 배우는 것은 매우 중요한 일이다.

세 꼬마 소녀

여러 해 전에 우리가 조지아 주의 스턴마운틴에 살고 있을 때의 일이다. 나는 데케이터 마을 근처에 내 사무실을 갖고 있었다. 어느 날 보험업에 종사하는 한 친구가 내 사무실을 찾아왔다. 그때 그는 세 살, 다섯 살, 일곱 살 가량 되어 보이는 세 딸을 데리고 왔었다. 그 아이들은 예쁜 옷을 입고 있었고, 조그마한 인형처럼 보였다. 그는 유감스럽게도 딸들을 이렇게 소개했다.

"이 애는 밥을 잘 먹지 않는 아이이고, 이 애는 날마다 엄마를 못살게 굴고, 그리고 이 애는 하루 종일 우는 아이랍니다."

나는 그가 세 딸을 사랑하고 있다는 것을 전혀 의심하지 않는다. 그것은 그가 딸들과 함께 놀 때나 다독거려 줄 때 그의 얼굴이나 눈빛에 떠오르는 표정으로 충분히 알 수 있었다. 그러나 불행하게도 그는 그 딸들에게 좋지 않은 어떤 영향을 주고 있었다. 그가 딸들을 바라보는 태도는 그가 그 딸들을 다루는 태도였다. 그는 강력하고도 부정적인 교훈을 그 아이들에게 심어주고 있었다. 아마도 그는 아이들이 잘 먹지 않고 엄마를 괴롭히며 날마다 울고 있다는 사실을 불쾌하게 여기고 있을지도 모른다. 너무나 절묘한 사실은 그 자신은 왜 그런 일이 일어나고 있는지 전혀 모른다는 점이다.

'뿌린 대로 거둔다'는 말은 옳다. 뿐만 아니라 다른 사람이 우리 마음속에 뿌린 것도 우리는 거두게 된다. 우리가 우리의 자녀들을 알맞게 바라볼 줄 아는 것은 대단히 중요하다. 왜냐하면 우리가 그들을 보는 태도는 우리가 그들에게 뿌리는 정도를 결정하는 것이기 때문이며, 멀리 볼 때 그것은 그들이 어떤 사람이 되는지를 결정하는 것이 되기 때문이나

린다 아이잭의 식구들과 친구들, 그리고 교사들은 그녀를 정신박약아로 보았고, 또 그렇게 다루었다. 텍사스 주 이탤리에 있는 특수 교육 학교의 교사는 그녀에게 배우는 데 부적당하다고 생각하여 많이 가르치려 들지 않았다. 그럭저럭 그 흑인 소녀 린다 아이잭은 고등학교를 졸업했다. 그러나 그 실력은 초등학교 1학년 정도에 불과했다. 이런 환경 속에서 그녀에게는 오로지 두 가지 선택의 기회가 있었다 — 희미하게 사느냐, 죽어 없어지느냐. 그때 그녀의 어머니는 사회사업 단체의 하나인 텍사스 재활원의 캐롤 클랩 선생을 만날 기회가 있었다. 그 결과 린다는 간호사와 생활하면서 3주 동안의 적성 평가 프로그램을 받아보기 위해서 댈러스로 갔다. 그녀는 그곳에서 그녀의 마음속에 잘못 뿌려진 씨앗을 조정하는

프로그램에 참여했다. 그 결과 그녀는 좋은 성과를 보였으며, 곧 산업 계약 센터로 이동되었다.

오늘날 그녀는 전화를 받고, 시간표를 짜고, 날마다의 진행 상황을 점검하고 있다. 자신을 새롭게 대하는 환경에서 생활하며 자신감이 생김에 따라 그녀의 인격은 변했다. 그녀는 '리틀 피플' 이라는 단체에 가입했으며, 비서가 되기를 희망하고 있다. 그녀는 삶을 사랑하고 자기의 일을 좋아한다. 더 이상 그녀의 이미지는 '저능아' 가 아니다. 그녀의 얘기는 아마 행복한 결말이 될 것이다. 그러나 그 얘기는 얼마나 많은 사람들이 다른 사람들의 잘못된 시선과 대우에 의해 버림받고 있을까 하는 의구심을 자아내게도 한다.

심지어 대학에서도 자기 학생들 가운데 몇 명에게는 반드시 F학점을 준다거나 한 명에게도 A학점을 주지 않겠다고 거만스럽게 말하는 몇몇 교수들에 의해서 수많은 학생들이 자신의 능력을 제대로 발휘하지 못하고 있다. 이러한 교수들은 잘못된 과시 뒤에다 교수 능력의 부족을 감추려 한다는 의심을 없애기 어려울 것이다. 이러한 교수들은 더 열심히 연구하고 가르쳐서, 자신이 훌륭한 교수라고 장담할 수 있어야 한다. 또한 자기의 강의를 들은 모든 학생들이 A학점을 받을 수 있으며, 어떤 학생이든 그 과목에서 탈락되지 않을 것이라고 얘기할 수 있어

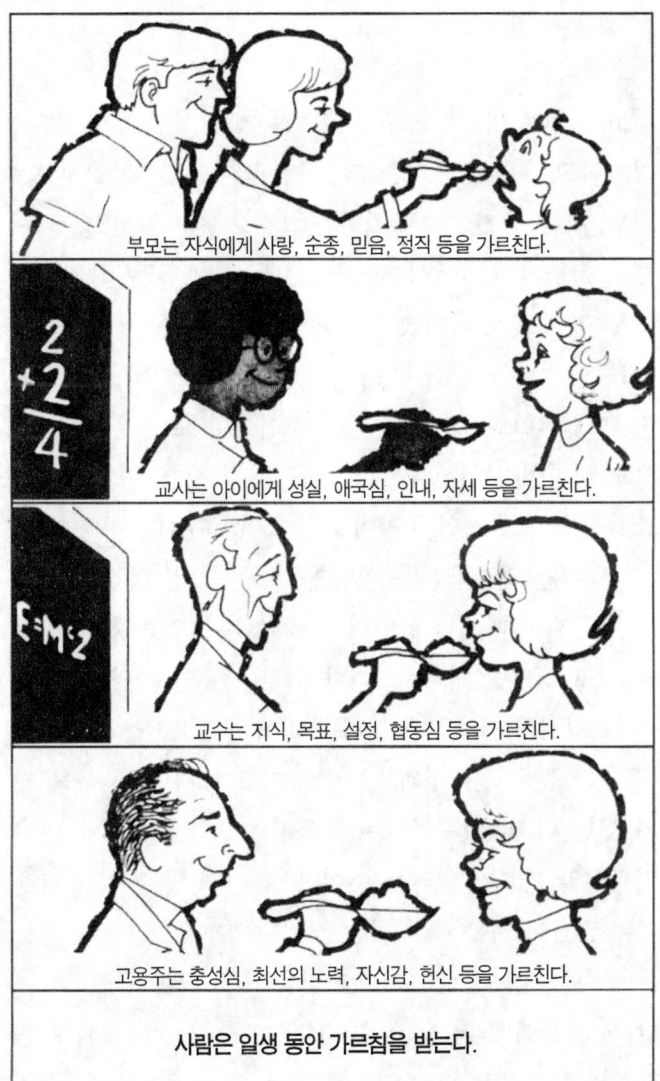

부모는 자식에게 사랑, 순종, 믿음, 정직 등을 가르친다.

교사는 아이에게 성실, 애국심, 인내, 자세 등을 가르친다.

교수는 지식, 목표, 설정, 협동심 등을 가르친다.

고용주는 충성심, 최선의 노력, 자신감, 헌신 등을 가르친다.

사람은 일생 동안 가르침을 받는다.

야 한다고 생각한다.

오해하지는 말라. 나는 교수에게 학생들을 항상 칭찬하고 실제로 어떻게 공부하고 있는가에 상관없이 공부를 잘한다고 얘기해 주라는 것은 아니다. 그런 태도는 학문적인 자살로 가는 행위이다. 실제로 샌프란시스코에서 행한 최근의 조사에서는 몇몇 학생들에게 공부를 잘한다고 계속해서 말해 주었음에도 불구하고 실상 그 얘기를 들은 학생들의 실력은 형편없는 것으로 나타났다고 한다. 이런 태도는 가장 잔인한 방법이다. 그것은 그런 식으로 다루어진 학생들은 졸업 후 취직 시험에 응시할 수조차 없는 기능적인 문맹아로 만들어지기 때문이다.

그렇다면 해결책은 무엇인가? 나는 그런 복잡한 교육적인 문제에 대해서 한마디로 표현할 수 있는 간단한 답을 갖고 있지 못하다. 그러나 이것만은 알고 있다. 우리는 그 학생의 전체적인 능력을 찾아낼 필요가 있고, 그들에게 더 많은 인내심과 열정, 그리고 그 학생이 하는 것에 대한 더 많은 분석이 필요하며, 그 학생에 대해 너무 비판적일 필요가 없다는 것이다. 간단히 말해서 그 학생에게 많은 격려를 해 주라는 것이다. 그러나 그들이 공부를 못하는데도 잘한다고 거짓말을 해서 잘못 인도하지는 말라. 그들에게 더 잘할 수 있다는 사실을 깨닫게 해 줌으로써 격려하라.

27년 이상 가르쳐 온 경험을 통해 나는 이것이 최대의
성적을 얻을 수 있는 제일 유용한 방법이라고 확신한다.
간단히 말해서 그들에게 긍정적인 것을 주라는 뜻이다.
그들에게 할 수 있다는 자신감을 갖게 하라. 그렇게 하면
실제로 그들은 할 수 있을 것이다.

세일즈의 여왕

메리 케이 화장품 회사의 메리 케이 애시는 다른 사람의 좋은 점과 잠재력을 인정하는 것이 가치 있고 중요하다는 것을 잘 이해하고 있다. 메리 케이는 모든 사물이 가지고 있는 양면의 가치를 모두 아는 사람이다.

그녀는 처음에 양육해야 할 어린 두 자녀를 데리고 스탠리 가정용품을 취급하는 일부터 시작했다. 그녀는 어렵게 출발을 했다. 그러나 다른 여자들이 잘 해내는 것을 보았고, 자기의 시대가 올 것이라는 희망을 품었다. 그래서 그녀는 남보다 두 배의 노력을 기울였다.

얼마 후 댈러스에서 전국 판매 대회가 열렸다. 메리 케이는 여비와 숙박비로 12달러를 빌렸다. 그것이 그녀가 가진 돈의 전부였으며, 그 돈에는 음식값이 포함되어 있지 않았다. 그녀는 사흘 동안 치즈와 크래커만을 먹었다. 판매 대회는 자극적이었다. 마지막 날 스탠리 베버리지 씨가 키가 크고 가냘픈 흑인에게 '세일즈의 여왕' 왕관을 씌워주자 메리 케이는 자신도 성공의 길을 걷겠노라고 결심했다.

대회장인 베버리지 씨와 악수를 나누러 시상대에 나가서 그녀는 그의 눈을 똑바로 바라보며 말했다.

"베버리지 씨, 당신은 오늘 밤 제가 누구인지 알지 못할 겁니다. 하지만 내년 이맘때에는 알게 될 겁니다. 그 것은 내년에는 제가 세일즈의 여왕이 될 것이기 때문입니다."

스탠리 베버리지 씨는 그 말에 대해서 짧막하게나마 견해를 말할 수도 있었다. 그러나 그는 그렇게 하지 않았다. 그는 그녀와 악수를 하면서 그녀의 눈을 바라본 순간 메리 케이에게서 어떤 '특별한 것'을 발견했다. 그는 이렇게 얘기해 주었다.

"그래요, 나는 당신이 다음 해엔 틀림없이 세일즈의 여왕이 될 것이라고 생각합니다."

실제로 그녀는 해냈다. 나중에 그녀는 그 회사와 또다른 회사에서 놀라울 만한 실적을 올렸다.

그런 후 어느 날 그녀는 은퇴를 했다. 그리고 며칠을 곰곰이 생각한 끝에 자기가 다녔던 회사들의 좋은 점을 모두 목록에 썼다. 그녀는 또 세일즈를 하려는 여자에게 중요하다고 생각되는 것들을 모두 적었다. 그녀는 자신이 판매 경력을 쌓으면서 하고 싶고, 되고 싶고, 가지고 싶었던 것들을 모두 적었다. 그러고는 회사를 설립하기로 결심했다. 그 회사는 모든 여자 종업원들에게 있는 아름다움과 능력을 최대한 발휘하도록 도와준다는 원칙에 입각해서 운영할 생각이었다. 그녀는 자기가 가지고 있는 것의 일부를 종업원들에게 주는 것보다는 종업원들이 이미 가지고 있는 것을 외부로 드러내도록 해 주는 것이 훨씬 더 바람직하며 중요하다는 생각을 하고 있었다. 메리 케이는 여자를, 많은 돈을 벌 수 있으며 캐딜락 승용차 등과 같은 고급 사치품을 소유할 만한 능력이 있는 존재로 생각했다.

한정된 자본과 무한한 믿음으로 메리 케이 화장품 회사는 1963년 8월에 설립되었다. 그 해가 저물기 전에 그들은 거의 6만 달러의 매출액을 올렸다. 1999년에는 20억 달러의 매출을 올렸으며, 미국의 모든 세일즈 담당 상담자와 지도자들은 메리 케이의 얘기를 성공담으로 들려주고 있다.

이 성공의 이유는 여러 가지가 있을 것이다. 그러나 무엇보다 가장 큰 이유는 누군가가 메리 케이 내부에 잠재해 있는 그 특별한 무엇인가를 보아주었을 때 비로소 그 성공은 시작되었다는 점이다. 또 그녀가 고객들 안에 있는 특별한 무엇인가를 발견하는 작업을 계속해 나갔기 때문에 그 성공은 지속되었던 것이다.

그녀는 자기의 종업원들에게 첫째가 하나님이요, 둘째가 가정이요, 셋째가 메리 케이 화장품 회사를 섬기라고 가르치고 있다. 그녀는 또한 종업원들에게서 엄청난 능력을 발견하고 있으며, 또 종업원들도 그렇게 대하고 있다. 그 결과 그녀는 자기의 종업원들이 메리 케이의 캐딜

락을 몰면서 전국을 누비고 다니는 모습까지도 보고
있다.

당신 자신은 다른 사람을 얼마나 두려워하는지 알고 있다

이와 비슷한 예로 사우스캐롤라이나 주의 컬럼비아에 있는 한 백화점에서 일어난 사건을 들 수 있다. 크리스마스 때라 사람들은 백화점에 엄청나게 몰려들었다. 다섯 살짜리 딸을 데리고 온 한 어머니가 상품 설명 시사회를 보고 있었다. 그 어머니는 거기에 정신이 팔려 있었기 때문에 아이가 몇 발짝 앞으로 걸어가는 것을 알지 못했다. 잠시 후 그녀는 딸을 잃어버린 것을 깨달았으며, 다시 찾기까지 어쩔 줄을 몰라했다. 그녀는 딸을 찾아낸 후 짐승처럼 소리를 질렀다.

"엄마 옆에 꼭 붙어 있어. 너는 사람들이 얼마나 무서운지 모르니!"

당신은 그 소녀가 어른이 될 때까지 얼마나 많은 것들을 두려워 할 것인지 상상할 수조차 없을 것이다. 이 얘기를 읽어 내려가면서 사실은 나도 죄의식이 든다. 누군가 내게 좋은 방법을 가르쳐 주기 전까지 나는 둘째 딸에게 똑같은 일을 저질렀기 때문이다. 그러나 나는 내 자신이 그와 같은 방법을 생각해 내지 못했다는 사실에 놀랐다. 다만 나는—그 방법을 배우고 난 후에야 알았지만—전통적인 방식으로 아이들을 대해 왔다.

때늦은 후회에는 두 가지 특징이 있다는 말을 여러 번 들었다. 첫 번째는 그것은 언제나 옳다는 것이다. 두 번째는 그것은 결코 가치 있는 것이 아니라는 것이다. 그러나 그 말들은 어느 정도만 진실이다. 때늦은 후회로부터 당신이 무언가를 배운다면 그것은 가치가 있다. 새롭게 배운 사실조차 때늦은 후회에 불과할지라도, 여전히 때늦은 후회는 가치가 있다. 만약 이 방법이 아니라면 우리는 모든 전통적인 방식을 뜯어고칠 수밖에 없다.

행복해지고 싶으면 다른 사람을 행복하게 만들라

독립 전쟁에서 명성을 얻은 앤더슨 소령은 도서관을 하나 갖고 있었다. 더 많은 지식을 얻고 싶어하는 그 지방의 젊은이들에게 그는 자기의 도서관을 개방한 도량이 넓은 사람이었다. 토요일 아침마다 앤더슨 소령의 집에 오는 어린 소년들 가운데, 그날 하루를 책읽기로 보낼 수 있는 기회를 갖게 된 데 대해 정말로 고마워하는 스코틀랜드 출신의 한 소년이 있었다. 그 소년은 분명히 그 도서관에서 많은 것을 배웠을 것이다. 왜냐하면 그 소년, 즉 앤드류 카네기는 미국 역사상 제일 생산적이고 제일 부유한 사람들 가운데 한 명이 되었기 때문이다.

그는 100만 달러를 소유한 사람이 거의 드문 그 시대에 4,300만 달러를 벌었다. 카네기는 앤더슨 소령의 친절을 다른 방법으로 갚았다. 카네기는 미국 전역에 카네기 도서관을 설치했으며, 수많은 사람들이 그의 너그러움 덕분에 혜택을 누리고 있다.

그렇다. 당신이 다른 사람의 능력을 알아내고, 그 능력이 자라고 계발하도록 도와줄 때 당신은 엄청난 공헌을 하는 셈이다. 물론 그 엄청난 것은 당신이 다른 사람에게 주면 줄수록 당신에게 더 많은 것이 돌아온다는 사실이다.

39세에 벨 앤드 호웰 회사의 사장이 된 찰스 퍼시의 경우도 마찬가지이다. 그는 그 회사의 말단에서부터 시작하여 부와 명성을 함께 얻었다. 오늘날 그는 유능한 미합중국의 상원 의원이다. 재미있는 것은 퍼시 상원 의원에 관한 가장 빈번한 평은, 그가 다른 사람의 잠재 능력을 바라볼 줄 알며 다른 사람에게 그 능력을 사용하도록 고무하는 묘한 능력을 지녔다는 것이다.

이 철학은 일시적으로 당신을 영광보다는 그늘 쪽에 있게 할 수 도 있다. 경보 선수였던 차터웨이는 릴레이 형식의 경보 대회에서 처음 4분 거리를 걷는 데 중요한 역할을 했다. 그는 무릎에서 불이 튀길 정도로 빨리 걸어가서 다음 선수인 로저 바니스터에게 바통을 넘겨주었다. 그래서 바니스터는 마의 4분 벽을 깨뜨릴 수 있었다. 바니스터가 그 장벽을 깨고 국제적인 명성을 얻은 반면, 차터웨이는 상대적으로 무의미한 존재가 되었다. 하지만 그 이후로 4분 내에 달린 선수들이 약 500명이나 있다. 그때마다 차터웨이는 언제나 경기의 선두에 출전하여 기록을 깨뜨릴 수 있도록 첫 출발을 잘 이끌어주는 유일한 선수가 되었다. 그는 앞으로도 그 자리를 계속 지킬 것이다.

두 가지 커다란 실수

알려지지 않은 어느 대학교수에게 청각이 매우 나쁜 아내가 있었다. 그 교수의 커다란 소원은 완전하게 들을 수 있는 보청기를 발명하여 사랑하는 아내가 잘 들을 수 있도록 하는 것이었다. 그 교수는 그 꿈을 실현시키기 위해 틈나는 대로 시간과 돈을 투자했다. 역사는 그가 이 실험에 실패했다는 것을 말해 준다. 그러나 그는 결코 실패자는 아니었다. 알렉산더 그레이엄 벨은 하나의 목표를 이루지 못했다. 하지만 다른 사람의 문제에 대한 해결책을 찾는 데 자기 자신을 헌신했기 때문에 인류에게 막대한 공헌을 한 셈이다. 그는 한 사람을 돕는 것에는 비록 실패했지만 그 대신 수백만의 사람을 도왔다.

그보다 앞서 빌헬름 라이스라는 한 독일 발명가가 전선을 통해서 소리를 전달하는 기구를 완성했다. 라이스가 만약 두 개의 전극을 1,000분의 1인치만 더 움직였더라면, 그래서 양극이 만났더라면 전화를 발명할 수도 있었을 것이다. 아이러니컬하게도 라이스는 이윤이 적다는 이유 때문에 불멸의 발명품을 놓쳐 버렸다. 만약 그가 연구를 계속했더라면 그 두 개의 전극이 우연히 만나는 기회가 있었을까? 우리에게 있어 그것은 영원한 수수께끼이다.

책의 내용을 표지로 판단할 수 없다

3년 전 데이비드 스미스라는 친구가 나에게 전화를 걸어서 엘크스 클럽 애뉴얼 볼의 대리 사회자가 되어 달라고 부탁했다. 나는 항상 그 모임의 대리 사회자가 되길 원했었다고 말했다. 그는 다시 말했다.

"이것은 우리의 제일 큰 연례행사일세. 그리고 한 지방 정치가가 오기로 되어 있어. 올지 안 올지는 확실히 모르겠네만."

그것은 축제였다. 모두가 정장을 하고 넥타이를 맸으며 밴드도 있었다. 그리고 무슨 말을 어떻게 하느냐에 관계없이 그 일을 어떻게 하느냐에 따라서 정직한 모든 노동자에게는 품위가 주어진다는 것을 증명해 보여 주고 있었다.

나는 그 축제장에 아내와 일찍 도착했다. 우리는 데이비드가 춤추는 것을 보고 그의 우아한 춤 솜씨에 놀랐다. 그는 즐거워하고 있었다. 그러나 우리의 열광적인 환호성에는 당황해했다. 그리고 자기가 볼룸 댄스를 가르친 적이 있었다고 마지못해서 얘기했다. 나는 몇 년 동안이나 그를 보아왔다. 그러나 나는 전혀 그런 사실을 모르고 있었다. 격려를 조금 해 주자 그는 자신의 과거사를 약간 들려주었다.

데이비드는 가족을 부양하기 위하여 열여섯 살 때 학교를 그만 둘 수밖에 없었다고 말했다. 그는 스물두 살 때 다시 학교로 돌아가서 스물다섯 살에 고등학교를 졸업했다. 그에게는 세 딸이 있는데, 그 가운데 둘은 학교 교사이며, 다른 한 명은 석사 학위를 받았다고 한다. 그는 자기 가족을 매우 자랑스럽게 여기고 있었다.

그러나 데이비드에게서 매우 이상하게 생각된 것은 그의 나이였다. 그는 66세였는데, 내가 이제껏 보아온 사람들 가운데서 제일 열심히 일하는 계층의 사람이었다. 덧붙이면 그의 직업은 잡역부였다. 그러나 그의 생애는 몇 가지 교훈을 주고 있었다. 그것은 바로 표지로 책의 내용을 판단할 수 없다는 것을 다시금 강조하는 얘기이다.

잡역부라는 것은 어떤 사람들에게는 아무런 이익이 없는 직업일 수도 있다. 그러나 그 직업은 데이비드 스미스의 생계를 이어주었고 세 딸을 교육시켜 주었다. 조금 더 덧붙이자면 기회란 사람에게 있는 것이지 직업에 있는 것이 아니라는 사실을 보여 준 것이다. 그는 훌륭한 일을 하면서 자신의 서비스를 다른 사람들에게 베풀 수가 있었다. 그러나 무엇보다 중요한 것은 데이비드 스미스는 딸들이 더 잘 살기를 원했으며, 그래서 스스로 더 많은 것을 딸들에게 주었다는 점이다. 그 결과 그 가족은 모두 승리했다. 데이비드 스미스는 스스로의 힘으로 교육받았고, 그 다음 딸들을 교육시켰으며, 그 딸들은 다시 아이들을 교육시키고...... 그럼으로써 더 많은 것을 얻게 될 그 손자들을 생각해 본다는 것은 재미있는 일이 아닐 수 없다.

다른 사람의 좋은 점을 발견하는 데 최선을 다하라

정의에 대한 재미있는 개념을 우리 사회는 가지고 있다. 우리는 어떤 사람이 죄를 지으면 벌을 받아야 한다고 말한다. 나는 몇 가지 이유로 이 말에 동의한다. 그러나 사회는 죄 값을 치르고 나온 사람들을 한 번 더 처벌한다. 우리는 "좋아, 당신은 법을 어겼지만 그 대가를 치렀어. 그러니 그것은 다 끝났어"라고 말해 준다. 그러나 대체로 그것은 모두 끝나지 않았다는 것을 의미한다. 사회는 전과자들을 적의와 냉대로 처벌하고, 그래서 다시 80%가 감옥으로 간다. 전과자들이 자유가 싫어서 다시 감옥 생활을 택한다고는 생각할 수 없을 것이다.

전과자가 만약 고용주에게 자신이 감옥에 있었다는 사실을 말한다면 대부분의 고용주들은 그에게 두 번 다시 일할 기회를 주지 않을 것이다. 전과자가 만약 고용주에게 사실을 말하지 않았는데 어떻게 된 영문인지 그 사실이 드러나면, 아무리 특별한 기술을 지녔다 할지라도 그는 해고당할 것이다. 이유는 간단하다. 우리는 과거에 죄인이라는 사실을 현재의 죄인으로 보는 경향이 있다. 우리는 전과자를 보면 마음속에 다음과 같은 생각을 떠올린다. '이자는 죄인, 도둑, 거짓말쟁이, 위조지폐범 등이다.' 사람은 다른 사람을 본 그대로 취급한다는 사실을 기억하라. 그래서 우리가 전과자를 도둑으로 보면 우리는 그를 도둑으로 취급하게 된다.

몇 번 그렇게 낭패를 본 뒤 그들은 자신의 상황을 합리화하기 시작한다.

"내가 전과자라는 사실을 모든 사람이 알고 있다. 그래서 아무도 나를 신뢰해 주지 않는다. 그들은 내가 다시 나쁜 짓을 하리라고 생각하고 주시하고 있다. 한 번이라도 실수하면 그들은 나를 믿어내려고 할 것이다. 나는 돈이 필요하고, 그것을 얻을 수 있는 길은 하나뿐이다. 뿐만 아니라 그것은 나를 범죄자로 취급하는 그들의 태도에 대한 올바른 대우이다."

이런 합리화는 다시 그들로 하여금 죄를 짓게 하고 감옥으로 돌아가게 한다. 바로 그것이 문제이다. 여기서 그 해결책을 찾아보자. 첫째로, 그는 다시 사회로 돌아올 수 있도록 훌륭하게 준비되어 있다는 사실을 주목하라. 둘째로, 모든 문제를 해결할 수 있는 원리를 성경에서 찾아보라.

누가복음 17장 3절에서, 예수께서는 우리 형제가 만약 죄를 범하면 그를 꾸짖고, 그가 만약 자기의 죄를 인정하고 회개하면 우리는 그를 용서하고 그렇게 대하라고 말씀하셨다.

요한복음 8장의 첫 구절을 보자. 거기엔 간음한 여자가 있었으며, 사람들은 모세의 율법에 따라 돌로 그 여자를 쳐죽여야 한다고 했다. 사람들은 예수가 이 일을 어떻게 처리하는지 보기 위하여 그녀를 예수에게로 데려왔다. 예수께서는 그들에게 아무 말씀도 하시지 않았다. 그 대신 말없이 땅에다 무엇인가를 썼다. 사람들이 의아해하며 무엇을 하느냐고 물었다. 그때 예수께서 일어나서 대답하셨다.

"너희 가운데 죄 없는 자가 먼저 그 여자를 돌로 쳐라."

그리고 다시 앉아 땅바닥에 무언가를 또 쓰기 시작했다. 그리고 성경은 그 말을 들은 사람들이 죄의식을 느끼고 돌아갔다고 말하고 있다. 분명한 것은 당신은 자기 자신의 것을 다른 사람의 내부에서 발견할 수 있다는 것이다. 그러므로 자신의 좋은 점을 발견하는 제일 좋은 방법은 다른 사람의 좋은 점을 발견하는 데 최선을 다하는 일이다.

인간은 대부분 이중의 기준을 가지고 있다

한 제빵업자는 자기에게 버터를 공급해 주는 농부가 중량을 속이고 있다고 의심했다. 그가 며칠 동안 조심스럽게 그 무게를 점검해 본 결과 그것은 사실이었다. 대단히 격분한 그는 농부를 소송에 걸었다. 공판에서 농부의 설명에 재판관은 만족해했다. 하지만 제빵업자는 분하게 생각했다. 그 농부는 저울이 없어서 무게를 달기 위해 평균대를 사용했다. 그래서 그는 그 제빵업자에게서 매일 사오는 1파운짜리 빵으로 무게를 달았던 것이다.

소득세를 속인 사람들이 체포된다면 얼마나 더 많은 사람들에게 전과자의 딱지가 붙게 될 것인지 궁금하다. 운전하는 사람들이 만약 속도위반으로 언덕이나 커브 길에서, 또는 멈추라는 신호를 무시하다 체포된다면 얼마나 많은 사람들이 운전면허증을 뺏기게 될까? 그리고 사람들이 만약 면허증 없이 운전할 때마다 체포된다면 얼마나 많은 사람들이 전과자가 될 것인지 의심스럽다. 여기에서 다시 한 번 강조하고 싶은 것은, 처벌은 법을 어길 때에만 주어진다는 사실이다.

젊은 범죄자들을 범죄자의 삶에 두 번 다시 빠져들지 않게 하는 가장 강력한 방어책은 바로 그들에게 일을 맡기는 것이다. 그렇지 않으면 그들이 맨 처음 범죄를 저질

렀을 때 아예 투옥해 버리는 것이라고 나는 믿고 있다.

미국 성격 개조 협회에 의해 이 생각은 강력하게 그 정당성이 입증되었다. 그들의 교육 과정은 교사들이 사용할 수 있도록 고안되었다. 그것은 '자기의 행동으로 인해 나타날 수 있는 결과에 대해서 먼저 깊이 생각해 보도록 가르침 받은 학령기 어린이는 예절바르게 행동한다'는 이론에 입각해 있다. 그 과정은 유치원 원아에서부터 초등학교 5학년까지를 그 대상으로 하고 있으며, 500여 학교 이상에서 시험된 적이 있다.

인디애나폴리스 63번지에 있는 공립학교에서 성격 개조 교육의 결과를 보여 주는 훌륭한 예를 제시하고 있다(〈U.S. 뉴스와 월드리포트〉지, 1976년 6월 14일자 기사).

"1970년 이전에 그 학교는 마치 폭동 지대에 있는 학교와 비슷했다. 창문이 수없이 깨졌으며, 그 유리는 마조나이트로 대치되었다."

"대부분의 학생들이 거칠고 예의바르지 못하며, 교사들에게 예의 없이 굴었다…… 그 학생들에게는 자기 학교에 대한 자부심이 전혀 없었다."

유치원 원아에서부터 16세의 소년 범법자들에 이르기까지 적용될 수 있는 앞에서의 그 철학이 효력을 나타낼 것이었다. 나는 이 실제적인 접근 방법이 범죄를 줄일 수 있다고 성급히 덧붙인다. 처벌로 다스려질 때에는 이 모든 것이 모두 처벌되었다는 기록이 남아 있다.

사실 전과자들은 어떤 면에서는 우리들보다 낫다. 우리는 붙잡히지 않았기 때문에 죄 값을 치르지 않은 반면에 전과자들은 자신이 저지른 죄 값을 치렀다. 우리는 전과자들이 자신감을 갖도록 도와주고 사회의 생산적인 구성원이 될 수 있다는 믿음을 줌으로써 그들을 잘 도와줄 수 있다. 이렇게 될 때 전과자는 스스로 설 수 있게 될 것이며, 사회에 기여할 수 있게 될 것이다. 그 문제는 우리가 그들을 어떻게 대하는가 하는 데에 달려 있다.

이 얘기는 기회와 책임이 모두 중요함을 말해 주고 있다.

열쇠를 부탁하네

어느 노인이 커다란 성당에 앉아서 오르간 연주를 하고 있었다. 지는 노을이 아름다운 색 유리창을 통해서 그 노인을 비추었을 때 그 모습은 마치 천사와 같았다. 노인은 능숙한 오르간 연주자였다. 그러나 이 특별한 날에 노인이 연주한 곡은 매우 슬프고 우울했다. 노인은 젊은 오르간 연주자와 교체되기 때문에 오늘의 연주가 바로 마지막이었던 것이다.

해가 질 무렵 젊은 연주자가 좀 무뚝뚝한 표정으로 성당의 뒷문으로 들어섰다. 노인은 그가 온 것을 알아차리고 오르간에서 열쇠를 빼어 주머니에 넣고는 천천히 성당의 뒤쪽으로 걸어갔다.

"열쇠를 부탁합니다."

노인은 주머니에서 열쇠를 꺼냈다. 그리고 서둘러 오르간 쪽으로 오고 있는 젊은이에게 주었다. 젊은이는 잠시 숨을 멈추고 의자에 앉아 있다가 키를 꽂고는 연주를 시작했다. 노인은 아름답고 노련하게 연주한 반면 그 젊은이는 진실로 천재적으로 연주했다. 결코 세상에서 들어본 적이 없는 음악이 오르간에서 울려 퍼졌다. 그 음악 소리는 성당과 도시, 그리고 변두리까지도 가득 울려 퍼졌다. 이것이 요한 세바스티안 바흐의 지상 최초의 연주

음악이었다. 노인이 눈물을 흘리면서 말했다.

"내가 만약 그 열쇠를 저 천재에게 주지 않았더라면……"

그 노인이 젊은이에게 열쇠를 준 것은 분명하다. 또한 그 젊은이가 그 열쇠를 충분히 사용한 것도 분명한 사실이다. 이것은 과장이 전혀 섞이지 않은 사실 그대로의 얘기이다. 우리는 모두 다른 사람들에게 줄 열쇠를 가지고 있다. 우리는 혼자 살고 있는 것이 아니므로 우리의 행동은 다른 사람에게 영향을 미친다. 그리고 그것은 우리가 결코 알지 못했던 사람들에게까지 파급되기도 한다. 그것이 바로 우리의 개인적인 삶을 초월해서 우리가 갖고 있는 것으로 할 수 있는 한 최선을 다해야 하는 의무와 책임이 우리에게 주어져 있는 까닭이다. 당신이 어느 업종에 종사하든 간에 당신이 진심으로 다른 사람의 소망을 성취하도록 돕는다면 당신의 소망도 성취할 수 있다.

제3장

제일 중요한 것은 다른 사람

하나의 수수께끼

인생은 많은 미스터리를 품고 있다. 그러나 그 가운데 제일 수수께끼 같은 것은 아마도 반려자를 대하는 태도 일 것이다. 우리가 거래하고 함께 지낼 필요가 있는 사람들 가운데서도 반려자가 제일 중요하다는 것은 명백한 사실이다. 이런 사실에도 불구하고 대다수의 사람들이 그들의 반려자에게 품위 있게 또는 예의바르게 대하지 않고 있다.

예컨대, 비즈니스맨은 처음 보는 사람일 경우에도 그의 아침 시간의 절반 정도는 할애해 준다. 그러나 자기 아내가 2분 정도 걸릴 통화를 위해 전화를 걸어오면 매우 바쁘다는 이유로 무뚝뚝하게 끊어 버린다. 처음 보는 사람은 그 비즈니스맨의 전체적인 행복과 성공에 거의 의미 없는 존재이다. 그러나 아내는 그의 성공과 행복에 매우 커다란 의미를 갖는다. 하지만 그는 항상 아내가 자기를 이해해 줄 거라고 생각하거나 후에 그녀에게 잘해 주리라고 생각한다.

또다른 예가 여기에 있다. 부인들은 친구들과 전혀 의미 없는 잡담을 하며 아침의 반나절을 보내면서도 남편이 전화를 걸어, 그날 저녁에 입을 수 있도록 자기 겉옷을 세탁소에 맡겨 달라고 부탁이라도 하면 매우 귀찮게 생각한다. 남편이 그녀의 행복에서 차지하는 비중이 대단히 큰데도 말이다. 다시 말하면 친구들과의 관계는 남편과의 관계에 비해 상대적으로 덜 중요한 것들이라 할 수 있다.

비서에게는 대단한 배려를 하며, 증권 관리인에게는 품위 있게 대하고, 우체부에게는 정중하게, 길을 묻는 행인에게는 자세하게, 식당에서 심부름하는 아가씨에게는 유쾌하게, 함께 일하는 동료에게는 친절하게 대하면서,

죽음이 우리를 갈라놓을 때까지 사랑하고 소중히 대하기로 약속한 사람인 배우자에게는 그렇게 퉁명스럽고 예의 없게 대하는 우리의 모습을 생각하면 정말 놀라지 않을 수 없다. 우리는 왜 그렇게 해야만 하는가?

나는 29년의 결혼 생활이라는 유리한 입장에서 이런 일들을 목격하곤 한다. 나의 사랑스런 아내와 사랑이 지속되는 하루하루를 보냈는지 나는 의문이 간다. 나의 삶에 있어서 아내는 제일 중요한 사람이며, 우리는 날마다 더 가까워지고 있다. 내가 표현하는 생각들이 당신에게 의미 있는 것들이 되기를 바라는 마음에서 나는 이런 것들에 대해 얘기하고 있다. 자기의 배우자와 조화로운 관계를 가지지 못하면서도 능률적이고, 효과적인 생활을 할 수 있는 사람은 있을 수 없다.

부부 관계가 그 가정을, 가정이 한 나라의 근본을 좌우하기 때문에 이 부분은 아마도 이 책에서 제일 중요한 부분이 될지도 모른다. 1970년 12월 29일자 〈타임 매거진〉에서 폴 스펜스 박사는 말했다.

"가정생활이 타락하게 된 다음에 멸망하지 않은 나라가 없었다는 것을 우리는 역사를 통해 알 수 있습니다."

당신이 어떻게 반려자를 보고, 어떻게 어울리는가 하는 것은 매우 중요하다. 사실 이런 관계는 당신에게 행복과 성공을 가져다주는 데 다른 사람과의 관계보다 더 중요한 역할을 한다. 당신은 당신의 남편 또는 아내를 어떻게 생각하는가? 서로를 한 쌍의 부부로 묶었을 때는 어떻게 생각하는가? 서로를 한 가족으로서는 어떻게 보는가?

나는 그 방면의 전문가가 되고 싶지는 않다. 그러나 경험과 관찰에 의해 나는 대부분의 부부들이 겪는 어려움은 아마 다음의 세 가지 이유 때문일 것이라고 본다.

첫째, 대개의 남편과 아내들은 일정 기간이 지나면 배우자와 함께 있다는 사실에 익숙해져 버린다. 그들은 모든 것이 잘 돌아가고 있으며, 자기의 반려자들도 언제나 곁에 있을 거라는 생각을 은연중에 한다. 하지만 그것은 지나친 생각이다. 결혼한 10쌍 가운데 4쌍은 이혼으로 끝나고, 나머지 쌍들도 단지 이름만의 부부로 남아 있는 경우가 매우 많기 때문이다.

둘째, 우리가 생활하고 있는 환경은 이런 문제를 더욱 확대하고 있다. 너무도 많은 사람들이 자신의 반려자에게 진실한 사랑과 감정을 보여 주는 것을 진부하고 감상적이라고 생각한다.

셋째, 자유연애, 계약 결혼, 혼외정사 등을 인정하는 변화된 도덕관이 불안정과 불확실성을 조성하고 있다. 심지어 결혼한 다음에도 여자의 성을 그대로 쓰자는 움직임도 있었다. 그것은 후에 이혼을 하게 되더라도 여자가 은행 계좌, 신용 카드 등을 바꿔야 하는 등 번거로운 문제를 겪지 말자는 것이다. 요컨대 실패에 대비해서 계획을 세운다는 얘기이다.

사랑이란 무엇인가?

사랑이란 행복한 결혼을 이룩하는 강력한 토대이므로 잠깐 사랑에 대해 살펴보자.

사랑에 대해 시인은 시를 읊었고, 가수는 노래를 했다. 모두가 사랑에 대해 얘기하고 있으며, 나름대로의 생각을 갖고 있다. 〈고린도전서〉 13장에는 진정한 사랑이 무엇인가에 대하여 아름답게 묘사되어 있다. 〈잠언〉에서는 사랑은 모든 죄를 덮는다고 말해 주고 있다. 예수께서는 '첫째로 하나님을 사랑하고, 둘째로 네 이웃 사랑하기를 네 몸같이 하라'고 하셨다. 〈요한복음〉 3장 16절에서는 '사랑은 끝없이 좋은 것'이라고 말하고 있다. 심리학자들과 결혼 상담자들은 아버지가 자식을 위해 할 수 있는 일 가운데 제일 중요한 것은 그 자식의 어머니를 사랑하는 것이며, 어머니가 자식을 위해 할 수 있는 일 가운데 제일 중요한 것은 그 자식의 아버지를 사랑하는 것이라고 말한다. 자식들은 부모가 서로 사랑하고 있다는 것을 알게 되면, 비록 그 사랑이 자기에게까지 미치지 않더라도 훨씬 더 안정감을 느낀다고 강조한다.

우리 시대의 많은 사람들은 사랑과 섹스를 같은 선상에서 말하며, 그것을 동의어라고 생각한다. 하지만 그것은 분명히 똑같지가 않다. 사랑은 당신이 다른 사람에게

갖는 완전히 비이기적인 감정인 반면 섹스는 완전히 이
기적이다. 성경에서는 한 번도 그것을 같은 것으로 여기
지 않았다. 그러나 이기적이고 상업적인 이유를 들어 현
대인은 그것을 똑같이 생각하고 있다.

　신학자와 과학자, 그리고 거리의 모든 사람들이 사랑
의 중요성을 인정하고 있음에도 불구하고 이상적인 남녀
관계로서 하나님이 공포한 결혼을 어떻게 하면 영구히
지속시킬 수 있는가 하는 문제에 대한 정보는 거의 없다.
결혼 서약을 주고받으면서 불변의 사랑을 공포한 많은
부부들이 곧 헤어진다. 처음엔 그들의 사랑이 진실한 것
이었음은 확실하다. 하지만 사랑은 소홀히 다루는 동안
꽃이나 나무처럼 죽어간다.

　행복한 결혼이 더 훌륭한 교사, 의사, 주부, 세일즈맨,
트럭 운전사 등을 만든다. 그리고 불행한 결혼은 두 구성
원의 생산성과 정적인 노력을 저해한다. 뛰어난 심리학
자인 조지 W. 크레인은, 사랑이란 사랑의 표현과 행동에
의해 양육되는 것이라고 말한다. 사랑은 은과 같아서 사
랑의 또다른 표현으로 매일 닦지 않으면 변색하고 만다.
많은 부부들이 불행하게도 결혼 생활의 가장 무서운 독
소인 권태를 당연한 것으로 받아들이고 있다.

이것이 진실한 사랑이다

부부들은 대체로 막다른 골목에 이르러서야 다시 사랑에 빠진다고 크레인 박사는 말하고 있다. 만약 자기들의 무미건조한 결혼을 구제하고 싶은, 도덕적으로 책임 있는 사람들이라면 책임감에 의해 새로운 결혼 과정을 선택해야 한다고. 또 행동으로 사랑을 표현하고 보여 주는 것은 그들의 삶에 사랑을 가져다주는 것이라고 크레인 박사는 말한다. 그리고 우리가 충분할 정도로 빈번히 확고하게, 또한 오랫동안 사랑을 키운다면 결혼 생활에 대한 긍정적인 측면이 더욱 강하게 성장할 것이라고 말한다. 이런 반면에 부정적인 측면은 더욱 약화될 것이라고 말한다.

우리는 다음 장에서 윌리엄 제임스의 "당신은 행복하기 때문에 노래하는 것이 아니라 노래하기 때문에 행복한 것이다."라는 말을 강조하게 될 것이다. 신체적, 물리적인 표현이 정신적으로 서로 이해하고 있는 느낌을 크게 성장시킨다고 한다. 데일 카네기는 말한다.

"열정적으로 행동하라. 그러면 당신은 열정적으로 변할 것이다."

내가 말하려고 하는 것이 바로 이것이다. 사랑하고 있는 것처럼 행동하라. 그러면 당신은 사랑하게 될 것이다.

13년 전 목사였던 나의 형님의 집 앞뜰에서 결혼 생활의 가장 아름다운 순간을 나는 처음으로 목격했다. 형님과 제웰은 33년 동안 결혼 생활을 해 오고 있었다. 형수는 딸의 첫 출산을 돕기 위해 인디애나 주의 미시간 시에 갔다가 10일 만에 돌아오는 길이었다. 이것이 그들 부부가 처음으로 헤어져 있었던 때이다.

형수가 차에서 내려 집으로 들어올 때 차 소리를 들은 나의 형은 급히 밖으로 뛰어 나갔다. 그들은 집 앞뜰에서 만났다. 그리고 부드럽게 포옹하면서 서로에 대한 사랑의 표현으로 어린애들처럼 울었다. 그러더니 그들은 이제 다시는 떨어져 있지 말자고 약속하는 것이었다.

나는 진정한 사랑은 무의식적으로 표현된다는 것을 느꼈고, 내 눈에도 눈물이 고였다는 것을 고백하지 않을 수 없다. 조그마한 시골의 한 성직자와 오랜 세월 동안 그를 내조해 온 두 사람 사이의 이 장면을 필름에 담아 세상의 모든 가정에 배달해 보여 줄 수 없었다는 것이 정말 아쉬웠다. 진정한 사랑이 어떤 것인가를 모든 사람들에게 보여 준다는 것은 얼마나 아름다운 일인가. 사춘기에 싹튼 사랑이 청년기에 양분을 공급받고, 중년기에 성장하며, 인생의 황혼기에 풍요하고 아름다운 절정에 이르렀던 것이다.

진정한 사랑은 인간에게 주어진 모든 감정, 감동, 문

제, 즐거움, 승리감 등이 포함되어 있는, 차츰 자라나고 발전하는 과정이다. 그것은 쉽다기보다는 더욱 어렵고, 받기보다는 더 많이 주며, 자유롭기보다는 더 제한적이고, 즐거움보다는 더 많은 문제를 내포하고 있다. 제윌과 나의 형님과의 경우가 그랬다. 그들의 결혼 생활은 가난하게 시작되었으며 가끔 어려움에 봉착했었다. 그럴 때면 허리끈을 졸라맸다. 제윌은 형님의 아이들을 낳았고, 가족을 위해 요리와 세탁을 했다. 그리고 아낌없는 사랑과 믿음으로 형님이 하는 모든 일을 내조해 주었다. 형님은 형수에게 그의 모든 것과 최선의 것을 주었다. 형님은 형수를 사랑했고, 존경했고, 격려해 주었으며, 솔직한 애정을 표현했다. 아들 다섯과 딸 하나를 키우는 데에는 많은 돈이 요구되었다. 또 많은 시간과 많은 사랑을 요구했다. 그러나 하나님에 대한 흔들리지 않는 믿음을 통해 그들은 함께 아름다운 가정을 건설했다.

이 헌신적인 부부와 그들의 가족이 가진 서로를 향한 확실한 사랑을 본다는 것은 모든 사람에게 인상적일 것이다.

나는 이것을 믿는다

이제 당신은 내가 하나님과 가정과 국가, 그리고 결혼 서약을 믿는 옛날 사람이라는 것을 분명히 알라. 가열과 냉각의 과정을 통해서 강인한 강철이 생산되고, 언덕과 계곡과 커브 길을 정리해야만 안정성 있는 고속도로를 만들 수 있듯이, 이상적인 결혼과 사랑도 수많은 시련과 모진 고동을 극복해야만 이룩될 수 있다. 그것이 계약 결혼이나 동거를 함으로써 하나님의 율법을 깔보는 젊은 사람들을 가엾게 보는 까닭이다.

서로에 대해 충분히 알기 전에 서로를 깊이 사랑하게 되기 전에 시련을 맞이하면 그들은 아주 사소한 문젯거리일지라도 문제가 생기는 처음에 이미 그들의 사랑을 포기한다. 그들은 책임 있는 두 사람 사이의 사랑이란 것이 무엇인지에 대한 개념이 전혀 없다. 그들은 사랑과 섹스를 구별하도록 배운 적이 없다. 사랑과 섹스가 같은 것으로 간주될 수도 있고 그렇지 않으면 완전히 별개의 것이기도 하다. 섹스란 사랑의 표현으로 성스러운 결혼 생활에 의해 완성될 때 진실로 아름다우며, 또한 그것이 하나님이 의도한 것이다. 섹스가 단순한 욕정의 표현일 때 그것은 동물적이고 이기적인 것일 뿐이다.

시인이나 텔레비전의 극작가가 말하는 것과는 정반대

로 사랑이란 순간적인 감정이 아니다. 솔직히 나는 내 아내를 처음 본 순간 그녀에게 매혹되었다. 나는 구애 기간과 결혼 후 몇 년 동안 내가 아내를 사랑한다고 생각했다. 그러나 엄밀히, 솔직히 말해서 나는 결혼한 지 25년이 되도록 진정한 사랑이 무엇인지를 알지 못했다. 11월 26일, 우리의 결혼 30주년 기념일 때에도 그 사랑은 여전히 매일같이 자라고 있었다. 그녀는 내가 살아오면서 보아 온 정말 아름답다거나 정열적이라거나 하는 여자들과는 거리가 멀며, 훨씬 월등하다. 아내와 대화하는 것과 다른 일을 하는 것, 둘 가운데서 선택을 하게 되면 나는 항상 아내를 선택한다.

우리는 사실 모든 일에 의견이 일치하는 것은 아니다. 또 이따금 논쟁을 벌일 때도 있다. 하지만 그렇다고 해서 결코 우리의 의견 차이에 어떤 악의나 모진 마음이 있다는 것은 아니다. 우리에게 이따금 의견 차이가 있다는 것은 서로 자신에게 갖가지 잘못이 있다면 흔쾌하게 그 사실을 인정하고 사과하려는 마음을 뜻한다. 또 그것은, 상대방을 첫째로 꼽을 만큼 서로를 충분히 사랑하고 있으며, 또 상대방을 즐긴다는 의미도 될 수 있다.

결코 우리는 우리의 의견 차이를 해결하고 사랑을 재확인하지 않고는 어떤 일도 하지 않는다. 우리는 우리의 관계를 발전시킬 수 있도록, 그리고 진정한 사랑이 무엇인지를 알도록 충분한 시간을 부여해 준 하나님께 고마워하고 있다. 우리의 기도는 우리가 영생으로의 길을 가기 전에 훨씬 더 많은 세월을 우리가 함께 할 수 있도록 하나님께서 승낙해 달라는 것이다.

남편과 아내를 위한 건전한 조언

행복한 결혼을 계획하거나 다시 한 번 도전하려고 할 때 우리가 따라야 할 절차를 천천히 살펴보자.

(1) 결혼 전에 당신들이 어떻게 행동했는지 그 일들을 기억하는가? 최선의 모습을 보여 주고자, 자신의 가장 좋은 면을 보여 주고자 멋지게 행동하고, 사려 깊고 예의 바르게 대하려고 얼마나 노력했었는지 기억하는가? 그 것은 당신의 결혼 생활을 견고히 할 수 있는 우수한 처방 이다. 비록 어떤 문제에 빠져 있는 순간이라 할지라도 과 거에 어떻게 행동했는지를 기억해 보는 것만으로도 당신 은 다시 한창때를 되돌아오게 할 수 있다.

(2) 메리 크라울리가 쓴 ≪메리와 함께한 순간들≫을 읽으라. 이 아름답고 조그마한 책에서 지은이는 결혼이 50% 대 50%의 비율이 아니라 100% 대 100%의 비율 로 성립된다는 점을 지적한다. 남편은 부부 관계에 필요 한 100%를 제공해 주어야 한다. 그리고 아내 역시 남편 과 똑같이 100%를 제공해야 한다.

(3) 하루의 일과를 당신의 배우자를 향한 사랑의 선언

으로 시작하고, 사랑의 선언으로 하루를 끝내라. 그리고 가능하다면 오직 사랑의 표현과 잡담만을 위한 3분 동안의 통화를 하라. 결국 당신이 상대에게 사랑을 표현할 가장 좋은 순간은 다른 사람이 당신의 상대에게 그렇게 하기 전이다. 한 달에 5분 정도를 투자해서 우편으로 사랑의 편지를 띄우라.

(4) 이따금 25센트 정도의, 비용이 얼마 들지 않는 선물이나 카드로 상대방을 깜짝 놀라게 하라. 그것은 선물 그 자체가 아닌 선물 뒤의 정성을 나타낸다. 란셀로트 경은 말했다.

"주는 사람의 성의가 없으면 선물은 무의미한 것이다."

다른 시인은 그것을 다소 웅변적으로 표현했다.

"귀걸이나 보석 등은 선물이 아니다. 그런 것들은 참된 선물을 위한 구실일 뿐이다. 유일하고 진실한 선물이란 주는 사람의 정성이 담긴 것을 말한다."

(5) 함께 보낼 의미 있는 시간을 특별히 가지라. 결혼 전에 서로의 마음을 얻기 위하여 얼마나 갈망했으며, 얼마나 많은 시간들을 보냈는지 기억하는가? 그때의 그 과정을 되풀이하라. 함께 산책을 한다거나 아니면 텔레비전을 끄고서 마치 상대방이 자신의 인생에 가장 중요한

인물인 것처럼 느끼도록 하라. 당신이 알든 모르든 그 순간 상대방은 당신에게 제일 중요한 인물이 된다.

(6) 훌륭한 청취자가 되라. 상대방에게 하루 동안 일어난 일에 대해 귀를 기울이라. 의무는 모든 것에 충성하게 한다. 그러나 사랑은 우리들에게 모든 것을 아름답게 만든다는 사실을 기억하라. 나는 가끔 의무에서 시작한 것이 완전한 사랑으로 변한다는 것을 다시 한 번 강조한다. 그런 사소한 부분들이 때로는 놀라운 경험이 될 수도 있다는 사실을 알면 당신도 대단히 놀랄 것이다.

(7) 상대방이 당신의 주의를 끌기 위해서 자녀와 경쟁하지 않도록 하라. 그에게 아낌없는 주의를 기울이는 시간을 준비하라.

(8) 서로 뜻이 잘 맞는 부부 사이에도 의견의 일치가 안 될 때가 있다는 사실을 기억하라. 그러나 당신은 해결되지 않은 의견의 차이를 남겨둔 채 잠을 자서는 안 된다. 당신은 푹 잠들 수 없을 것이며, 이러한 의견의 차이는 당신의 잠재의식에 스며들어 문제의 발단이 될 것이다. 당신은 상대방에게 성실하면서도 민감해질 수 있어야 한다.

(9) 남자가 집안의 우두머리라고 하나님께서 공포했다는 사실을 기억하라. 아마 이것이 부부 사이에 제일 중요한 원리일 수도 있다. 크고도 중요한 문제는 남자가 결정하도록 되어 있다는 것을 여자가 알면 그녀는 아마 더욱 안정감을 느끼게 될 것이다. 남자가 그 가정의 제 위치에서 있지 못할 때 진정으로 행복한 가정은 찾아볼 수 없다. 그는 확신을 가지고 그 관계의 주도권을 책임지고 떠맡아야 한다. 하지만 이때 남편이 잊지 말아야 할 것은, 이 역할을 사랑과 친절로 거기에 권위와 확신을 가지고 감당해야 한다는 사실이다.

하나님은 또, 남편도 자기 아내를 제 목숨처럼 사랑해야 한다고 가르치신다(〈에베소서〉 5장 28절). 하나님이 여자를 아담의 옆구리에서 취하셨다는 사실을 잊지 말라. 남자의 머리에서 취한 것이 아니므로 남자를 지배할 수 없으며, 남자의 발에서 취한 것이 아니기에 남자는 여자를 짓밟을 수 없다. 하나님은 남자의 옆구리, 즉 안전하고 보호된 위치에서 여자를 끄집어 내셨다. 그래서 남편과 아내는 함께 삶의 고속도로를 걸어갈 수 있는 것이다. 이것의 의미를 좀더 깊게 알고 싶으면 래리 크리스천슨이 쓴 《기독교인의 가정》을 읽으라.

(10) 상대방을 이해하거나 즐겁게 해 주기 위해서는

평범한 노력을 해야 하며, 때로는 자신의 것을 양보해야
할 때도 있어야 한다는 사실을 잊지 말라. 그렇게 하는
것이 조금은 불만스러울지도 모른다. 하지만 그렇다고
해서 당신이나 당신의 결혼 생활까지 파탄에 이르게 되
는 일은 있을 수 없다.

(11) 다음은 행복한 결혼을 만들어 내는 요리법이다.

사랑-1컵　　희망-5스푼

성실-2컵　　부드러움-2스푼

용서-3컵　　믿음-0.25갤런

우정-1컵　　웃음-1배럴

사랑에 성실을 섞을 때 믿음으로 충분히 잘 섞으라. 부
드러움과 친절과 이해를 함께 섞으라. 여기에 우정과 희
망을 추가로 넣어 반죽하라. 그 위에 웃음을 풍부히 뿌리
고 그것을 밝은 햇빛으로 구우라. 그것을 날마다 대접
하라.

(12) 〈에베소서〉 4장 32절을 당신의 날마다의 지침으
로 사용하라.

"서로 인자하게 따뜻하게 대해 주며, 서로 용서하기를
하나님께서 그리스도를 통해서 너희를 용서하심과 같이
하라."

　(13) 함께 기도하라. 날마다 함께 기도하는 남편과 아내의 이혼율이 3% 미만이라는 것을 잊지 말라.

　(14) 피할 수 없는 의견의 불일치가 생길 때 누가 원만한 해결의 움직임을 보이는가는 중요한 일이 아니라는 것을 잊지 말라. 하지만 그런 움직임을 보이는 사람 쪽이 훨씬 더 성숙함과 사랑을 표현하는 것이다.

남편들이여, 당신의 아내를 사랑하라

(1) 여자는 사소한 친절에도 민감하다. 그러므로 그것을 당신의 아내에게 보여 주라. 아내가 차에 오를 때 문을 열어 주라. 의자에 앉을 때 아내의 의자를 찾아 주라. 아내의 손을 잡고 길을 걸을 때 당신이 위험한 차도 쪽에 서라. 외식을 하러 갔을 때 아내가 밖에 나갔다가 다시 방이나 식당으로 들어올 때 자리에서 일어나 맞이하라.

(2) 당신의 비즈니스 생활 속에서 일어난 좋은 소식이나 흥분할 만한 일들을 아내에게 자세히 전해 주라.

(3) 어떤 종류의 사회적 모임에 참여하게 되었다면 아내와 동행하라. 당신이 결혼 전에 아내와 함께 있는 것을 얼마나 자랑스럽게 여겼는지를 기억하라. 지금도 그와 같은 느낌이라는 것을 보여 주라.

(4) 결코 다른 사람 앞에서 아내를 농담거리로 삼지 말라. 그것은 예외 없이 나쁜 취미이다. 사람들의 웃음소리를 들은 얼마 후 당신의 즐거움은 끝나겠지만 아내가 받을 상처는 좀처럼 아물지 않을 것이다. 그 반대의 접근 방법을 사용하라. 즉, 당신이 칭찬 듣기를 좋아하는 것처

럼 아내를 다른 사람 앞에서 칭찬해 주라.

(5) 여자는 남자보다 훨씬 더 깊은 안정감을 필요로 한
다. 당신이 아내를 원하고 있을 뿐만 아니라 실제로 아내
는 필요한 존재이며, 그럴 만한 가치가 있다는 말을 거듭
반복해서 상기시켜 주라.

(6) 집 안에서의 일을 어느 정도까지 도와 주라. 우리
는 책임이 확실하게 나누어지기를 원하는 인간성을 지녔
다. 예컨대, 아내가 쇼핑을 갔다 돌아왔을 때 당신이 집
에 있었다면, 당신은 아내가 사오는 물건을 건네 받아 안
으로 들여오도록 한다. 남자는 집 안팎에서 일어나는 힘
이 드는 일들을 해야 한다. 예컨대, 쓰레기를 버린다거나
잔디를 깎는다거나 근본적으로 힘이 드는 일 등은 당신
이 하라. 가정은 당신의 성이지만 왕이 없는 성은 존재할
수가 없으며, 어떤 왕이든지 왕비가 없는 왕은 완벽한 왕
이 될 수 없다는 것을 반드시 기억하라. 당신이 만약 아
내를 왕비처럼 대우한다면 아내는 당신의 왕비가 된다는
사실을 즐거워할 것이다.

아내들이여, 당신의 남편을 사랑하라

(1) 매일 아침 당신이 남편을 얼마나 사랑하는지 얘기해 주는 것으로 시작하라. 그리고 그렇게 하루를 끝내라.

(2) 남자와 여자의 본성이 다르다는 것을 기억하라. 남자는 특히 그가 가정의 경제를 이끌어가는 사람이라면 정규적으로 그의 자아를 만족시켜 주어야 할 필요가 있다. 당신이 남편을 사랑하고 있으며, 남편이 의미 있는 일을 하고 있다는 생각을 간단히 표현만 해도 남편에게는 큰 의미가 있다. 특히 자기가 사랑하고 있는 사람이 자기의 일에 대해 칭찬을 해 주는 경우에는 특별히 더 큰 의미가 있다. 당신의 남편에게 그가 하고 있는 바로 그 일이 대단히 중요하며, 남편 역시 매우 중요한 인물이라는 것을 당신의 남편이 느끼도록 하라.

(3) 당신이 만약 직장 여성이 아니라면 남편이 돌아오기 전에 일을 멈추고, 목욕을 하고, 산뜻한 옷을 입고, 향수를 약간 뿌리라. 남편을 만날 때 신선하고 활기찬 느낌을 받을 수 있도록 시간을 할애하여 잠시 쉬라.

(4) 남편이 좋아하는 특별 요리를 준비하라. 그 음식을

당신이나 아이들이 좋아하든 좋아하지 않든 그것은 중요한 일이 아니다. 당신이 남편을 사랑한다는 이유 하나만으로 그렇게 하라. 당신이 만약 남편에게 찬 점심을 싸주고 일터에 내보낼 때면 반드시 그 점심을 따뜻하게 데우는 방법에 대한 메모를 적어 넣으라.

(5) 쾌히 동의하고 훌륭한 성질을 계발하라. 이 점은 젊은 남편도 마찬가지이다. 지혜로운 왕이었던 솔로몬은 말했다.

"다투기 좋아하는 여자와 함께하기보다는 황야에서 혼자 사는 것이 낫다."

오늘날과 같은 현대 사회에서 다투기 좋아하는 여자는 그 대가를 치르게 될 것이다. 그러한 여자의 남편은 직장에서 불필요한 시간을 보내고, 술집에서 친구들과 시간을 허비하고, 불행하게도 다른 여자들과도 어울린다.

(6) 근본적으로 여자가 해야 할 일은 여자가 하라. 나는 오늘날 우리에게 닥친 많은 문제는 남자와 여자 사이의 분명한 구별이 부족한 데서 기인한다고 확신한다. 남자는 남자처럼 보여야 하고, 그렇게 옷을 입고, 행동하고, 생각하고, 얘기해야 한다. 여자는 여자처럼 보여야 하고, 그렇게 옷을 입고, 행동하고, 생각하고, 얘기해야

한다. 어떤 일이 남자의 일이고, 어떤 일이 여자의 일인
지 잘 모른다면 그것은 비극이다. 나는 정상적인 조건하
에서라면 여자가 설거지를 하고 잠자리를 정돈해야 한다
고 생각한다. 남편에게 일을 도와 달라고 명확하게 명령
조로 말하는 경우가 종종 있다. 그렇지만 나는, 아버지가
개수대에 있는 것을 어린 아들이 보는 것은 그다지 좋은
모습이 아니며, 어머니가 계속해서 남자의 역할을 담당
하는 것을 어린 딸이 보는 것도 그다지 좋은 모습이 아니
라고 생각한다. 나의 어머니는 이런 말씀을 자주 하셨다.

"자녀는 부모의 말보다는 부모의 행동에 더 깊은 주의
를 기울인다."

어린 아들에게는 남자 역할을 보여 주라. 그러면 그 아
이는 이성에게 매력적으로 보이는 훌륭한 남성으로 성장
할 것이다. 어린 딸에게는 여자의 역할을 보여 주라. 그
아이 역시 매력적인 여성으로 성장할 것이다.

(7) 당신은 왕비가 되고 싶은가? 그렇다면 당신의 남
편을 왕처럼 대우하라. 그리하면 남편은 그렇게 될 수밖
에 없을 것이다. 왜냐하면 어떤 왕도 왕비 없이는 완전하
지 않기 때문이다.

나는 결혼이 50% 대 50%의 비율이 아니라 100% 대
100%의 비율로 성립된다는 것을 다시 한 번 얘기한다.

당신이 상대방을 행복하게 해 주었는데도 당신에게 편익
이 돌아오지 않는다는 것은 있을 수 없는 일이다.

　다시 한 번 강조하고 싶은 것은, 당신이 다른 사람이
소망하는 것을 얻도록 도와준다면 당신이 인생에서 얻기
를 소망하는 모든 것을 얻을 수 있다는 것이다. 특히 남
편과 아내 사이에서의 그 말은 진실이다. 당신이 진정으
로 그렇게 한다면 정상으로 향한 다음 계단으로 가는 모
든 준비가 갖추어진 셈이다.

　얼굴을 활짝 펴라. 당신은 당신의 생애에서 제일 중요
한 사람을 진실로 행복하게 해 주고 있기 때문에 다음 단
계로 갈 준비가 되어 있다. 그리고 당신의 얼굴에는 생활
하는 가운데 시작된 제일 즐거운 웃음이 넘치고 있다.

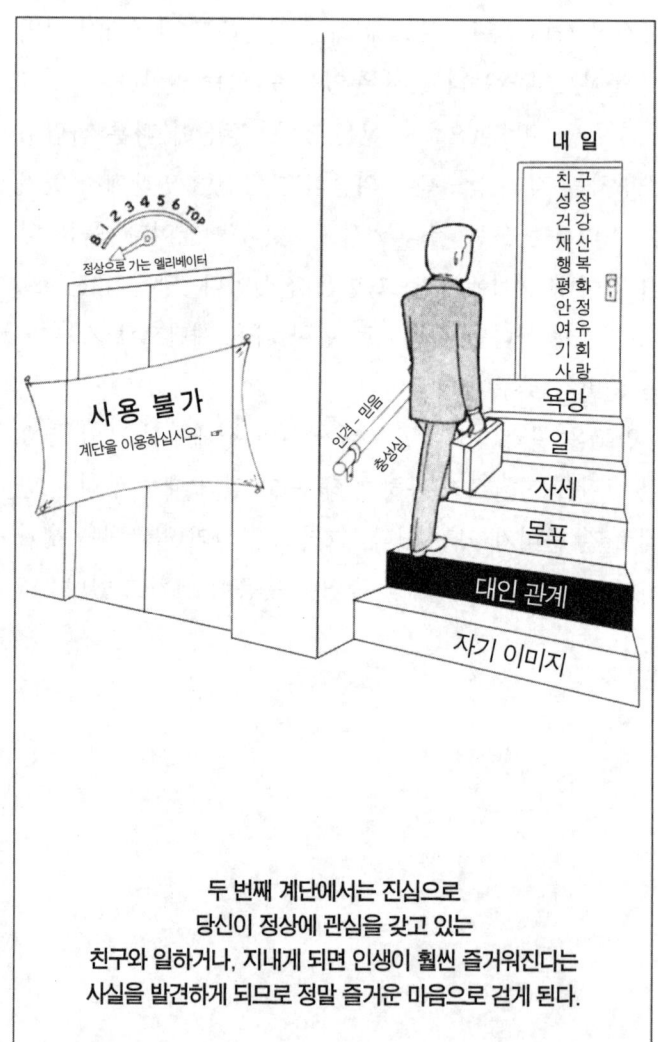

두 번째 계단에서는 진심으로
당신이 정상에 관심을 갖고 있는
친구와 일하거나, 지내게 되면 인생이 훨씬 즐거워진다는
사실을 발견하게 되므로 정말 즐거운 마음으로 걷게 된다.

나의 신조

제일 깊은 바다 속, 제일 높은 산, 제일 힘센 동물은 믿을 수가 없다. 오로지 사람만 믿을 수 있다. 사람의 성공 높이는 자기의 믿음의 깊이로 결정된다.

인간은 뿌린 대로 거둔다는 불변의 우주 법칙을 나는 믿는다. 기회는 책임을 가져온다. 실례는 가장 좋은 교사이다. 그리고 공정한 경기는 누가 옳은가보다 무엇이 옳은가를 추구한다.

성실한 노동으로 흘러내린 이마의 땀은 인생의 가장 영광스런 모습이고, 동료에게 일의 존엄성과 가치를 보여 주는 것은 자신의 지위와 가치를 증가시키는 것이며, 만족은 온몸으로 기울인 노력에서 온다.

성실과 충성심으로 결합된 자기 인정과 개인적 성장은 인간에게 성공과 행복에 필요한 내적인 평화와 힘을 주며, 성실과 신앙, 그리고 인격은 더할 나위 없는 위대함의 기초이다.

'내가 행하는 것은 너희도 할 수 있다'고 하신 예수 그리스도의 말씀을 나는 믿는다. 나는, 인간은 하나님의 모습 속에서 창조되었으며, 성취를 위해 설계되었고, 성공을 위해 만들어졌으며, 위대하게 될 소질을 갖고 있다는 사실을 믿는다. 이런 사실을 믿는다면 인간은 그 누구든 경멸하지 말아야 한다.

산다는 것은 사랑하는 것이며, 사랑하는 것은 돕는 것이며, 돕는 것은 조력과 구걸의 차이를 이해하는 것이라는 사실을 나는 믿는다. 다른 사람이 소망하는 것을 얻도록 충분히 도움을 주면 우리가 인생을 통하여 얻고 싶은 모든 것을 얻을 수 있다.

우리는 믿고 사랑하기 때문에 인생에 있어서의 우리의 목적은 당신과 자신을 돕는 것이다.

지그 지글러

Zig Ziglar

아이디어 노트

두 번째 읽을 때 발견한 것 : 검정색 펜 사용

처음 읽을 때 발견한 것 : 빨간색 펜 사용

아이디어 노트

두 번째 읽을 때 발견한 것 : 검정색 펜 사용

처음 읽을 때 발견한 것 : 빨간색 펜 사용

아이디어 노트

두 번째 읽을 때 발견한 것 : 검정색 펜 사용

처음 읽을 때 발견한 것 : 빨간색 펜 사용

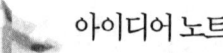 아이디어 노트

두 번째 읽을 때 발견한 것 : 검정색 펜 사용

처음 읽을 때 발견한 것 : 빨간색 펜 사용

아이디어 노트

두 번째 읽을 때 발견한 것 : 검정색 펜 사용

처음 읽을 때 발견한 것 : 빨간색 펜 사용

아이디어 노트

두 번째 읽을 때 발견한 것 : 검정색 펜 사용

처음 읽을 때 발견한 것 : 빨간색 펜 사용